U0029422

獻給心靈的生命之書：

十個富足步驟，打開內在智慧與恆久快樂

A Book for Life:

10 steps to spiritual wisdom, a clear mind and lasting happiness

喬・鮑比（Jo Bowlby）　著

盧相如　譯

這本非常特別的書說明了幾個世紀以來只有靈性導師和他們的信徒才知道的見解和做法，喬·鮑比使用這些見解和做法來支撐她作為薩滿巫士、指導者以及靈性導師的強大工作。

喬將古老的教義轉化為改變生活的實踐，為你提供一套旨在幫助你駕馭生活中遭遇的起伏的技能，重點放在找回生命中的復原力和平衡。無論你想要尋求內在的清靜，還是想要從精神折磨中重獲自由，或者僅僅是為你的世界注入一些奇蹟，這本鼓舞人心的書都將幫助你朝向你的靈性道路前進。

獻給莉莉和弗萊迪

作家、媒體好評

「冒險不用去深山叢林，只須要踏進心靈的未知之境。讓我們以這本書為嚮導，同時使用科學與神秘的語言，一起走向快樂的根源！」

——洪仲清（臨床心理師）

「堪稱近年最詳盡與最具系統性的心靈使用手冊。作者幾乎是手把手地教導讀者如何認識並修練自己。對於準備好的人來說，閱讀本書等於參加了一套CP值很高的心靈成長課程。」

——溫佑君（肯園與香氣私塾負責人）

「人生很難，若能從不同地方找到自己所需的療癒與慰藉，會稍微好過一點。不妨從這本書裡，找找你需要的力量。」

——蘇益賢（臨床心理師）

「這本書是一個來自於不同傳統的智慧寶庫，從薩滿教到佛家哲學，從禪宗到西方哲學，所有這些都與大量的古代寓言交織在一起。喬的書作為一盞明燈，可以在人生的旅途中成為一部挖掘自我能力的指南，朝著適合每個人的性情和心理特質的目標前進。我強烈推薦！」

——多傑・丹杜格西（Geshe Dorji Damdul），達賴喇嘛前任翻譯，達賴喇嘛文化中心西藏之家主任，新德里

「靈性智慧已經到來！這是一個令人耳目一新、具有說服力且實用的指南，使我們每個人都能感受到內心的平靜和創造性的力量。」

——阿貝托・維洛多（Alberto Villoldo），《大靈之藥》（*One Spirit Medicine*）和《印加療法》（*Shaman, Healer and Sage*）暢銷書作者

「一本令人充滿啟發的必讀書目！」

——娜歐蜜・哈瑞斯（Naomie Harris）官佐勳章，演員

「多年來出版界最激動人心的作品，是一本生命藝術指南——令人絕對驚艷。現在就開始展書閱讀吧！」

——凱特・里爾頓（Kate Reardon），《時代奢華雜誌》（*The Times LUXX Magazine*）總編輯

「改變生命的每一個層面！」

——特琳妮・伍德爾，特琳妮倫敦（Trinny London）創始人

「對任何有興趣探尋更深層次的和平與喜悅的人來說，這將是一部必不可少的作品。」

——威爾・楊（Will Young），歌手兼演員

「我之所以非常喜歡這本書，因為喬・鮑比汲取了她在靈性教義和現代心理學方面的深厚經驗，並為像我們這樣的人將其轉化——使我們可以在日常生活中應用，且是易於理解的實用工具。在某種程度上，她已經為我們做了深入的研究和功課，這本書有點像是一本精要小抄！」

——薩哈爾・哈薩米（Sahar Hashemi）官佐勳章，Coffee Republic及Skinny Candy創始人，暢銷書作者

「真實繁盛，如同在沉思中剝去外皮的橘子。簡單卻又包羅萬象，像迷人的藍天。像水一樣流動。像一齣拍案叫好的驚悚片一樣引人入勝。宛如流星般迷人又驚喜。像蜂蜜一樣滋養。古老而充滿活力，如同一座火山。喬的書帶領我們在返家的途中自由奔放：這是生命藝術中『單純』（Simple）的實用智慧，帶給我們真切如實的慰藉。」

——妮可麗塔・費洛魯奇（Nicoletta Fiorucci Russo De Li Galli），慈善家和當代藝術收藏家

「這是一本非常容易閱讀的書；它充滿趣味，也很有意思，與我們所有人切身相關。也許對我來說，最關鍵的是感覺到喬的文字是發自她的內心，而不是從她的大腦中寫出來的……我確實希望你不論以某種形式都能獲得它。這很重要。」

——摘自〈莎拉的健康筆記〉（Sarah's Health Notes）

「鮑比具有領袖魅力，有趣且明智。」

——《時代雜誌》（*The Times*）

推薦序

蔡昌雄

這是一本平凡的書！因為它讀起來平易近人，不像一般談論靈性書那樣的套弄玄虛。這也是一本不平凡的書！因為作者本身的修練經歷使然，這本書竟能廣泛囊括世界偉大靈性智慧傳統的精神教誨與鍛鍊之道，而且將它們精煉融入成為十個錦囊，成為認識與修煉生命之道的終南捷徑。作者的意圖昭然若揭，他要藉此書增進人們的靈性智商，這個現代人極度缺乏養分的生命區塊。

其實這並不是一件容易的事！此舉展現了作者的佛心與功力。俗話說：「外行看熱鬧，內行看門道。」讀者千萬別被這本書平易近人的外表欺騙了，以我個人多年學佛、鑽研佛教禪宗哲學，以及透過榮格宗教心理學進入世界宗教神祕主義修練系統的比較視野觀之，這本

《獻給心靈的生命之書》所提供的十個修練步驟，可說都是深諳生命靈性本質，也與功夫練家子的實證體驗若合符節，讀者以之為日常修行導航之書，肯定是不會迷航的。

而從一個「過來人」的角度出發，本書以智慧開啟的心靈視野與修練步驟，雖以極為簡練的方式呈顯微言大義，但真參實修的功夫還是不能省卻。讀者們可以此書為綱要，在每個步驟中，尋找深入探索的資源。比如步驟二的陰影對治，精神分析與深度心理學就有許多洞見可以借鑑，而步驟一與步驟十的故事敘述與重構，敘事治療的方法也很值得參照。若能如此運用，本書就會是閱讀者通往靈性大海的航道，假以時日必能如作者所期許的那樣，大幅提升靈性的智商，增益人生的福祉。

（本文作者為南華大學生死學系教授）

目次

前言

冒險不在人之外；而在人之內。

Adventure is not outside man; it is within.

——喬治．艾略特（George Eliot）

我們在學校裡所學到的驚奇事物中，並未將如何學習快樂羅列其中，而是將學習的重點放在擴展我們的思想，卻非瞭解思想本身；學校教導我們如何為適應生活預做準備，而非指引我們成為什麼樣的人。快樂越來越被視為是生活中的副產品，或像運氣一樣，是一種無法控制的安排，要麼受到上天的眷顧，要麼沒有得到任何好處。但事實並非如此。我們全都享有取得快樂人生的潛能，一切取決於學習如何去做。

在這本書中，我分享了我所認為的絕佳改善生活的技巧，這些技巧是我在過去三十年中，與世界各地一些非凡的智者相處時所學到的：生活在安地斯山脈高處的薩滿巫師、亞馬遜雨林中的巫醫、印度的佛教宗師、神秘主義者、宗教導師、哲學家，以及心理學家，他們皆致力於分享他們對生命藝術的智慧。透過這些相處，我收集到一套永恆的智慧，這些智慧在過去十五年裡，支撐著我作為薩滿與心靈導師及指導者的工作。

我一直都是那種喜歡快速抓到事物重點的人。打從孩提時期，我是個老愛問「為什麼」的孩子，這讓教導我的老師們非常惱火。作為一個天生的懷疑論者，我喜歡追求證據而非道聽塗說。這也許是吸引我進入古老心靈傳統的原因。他們不要求你相信任何事物，也不關心你是否認為自己擁有靈性。這裡沒有依循的規則，只有指引你的地圖，如此一來你將不會迷失在心靈的迷宮裡。他們在那裡，以你自身的經驗支持著你。

這些古老的教誨不是我們在汽車保險桿貼紙上看到的那些隨處可見的俏皮格言，而是可以改變生活的深刻見解和高效實踐。這些理論也來自於將畢生精力投入研究的專家，他們不僅想知道驅使我們運轉的東西是什麼，而且還想知道是什麼造就我們真正美好的生活。

這本書是我從大量的工作中挑選彙整出的。你或許可以把它當作是一份小冊子或執行摘要。你將發現你需要創造一個增強能力的技能，以幫助你在生活中不可避免的曲折和逆境中游刃有餘，讓你在順境中茁壯成長，在生活失去平衡時迅速恢復。

我將許多快速、容易實踐的方式涵括進來，當你感到焦慮、壓力、不知所措或精神疲憊，以及當你感到孤獨、空虛、迷失或是沮喪時，我將利用溫和的步驟引導你返回內在深層的連結。

這並非空洞的承諾。本書中所談論的一切皆歷經了數千年的嘗試和檢驗。這些做法十分見效，這就是為什麼越來越多人轉向古老的心靈傳統來幫助他們在現今的生活中過得更加自在的原因。

本書分為兩個部分。第一個部分是針對靈性智商的概述，或簡稱靈商（SQ）；我們在偉大的聖人和靈性導師身上認識到的生活智慧，同樣也能夠在自我的身上實踐，它是獲取永恆快樂時欠缺的部分。我將利用古老的心靈地圖，描繪出我們內在世界的心靈景觀。理解了這一點將有助於改變遊戲規則，因為無論我們過著什麼樣的生活，或來自什麼樣的世界，我們的快樂以及心靈的完全自在安適，全都取決於我們的心境。

第二個部分將引導你透過實際過程，幫助你學會發展你的靈性智商——即獲取靈性智商、清淨心靈與永恆快樂的十個步驟。

過程

我們內在的成就將改變外在的現實。

What we achieve inwardly will change outer reality.

——普魯塔克（Plutarch）

獲取靈性智商的過程是一次自我發現的歷程，它向你敞開心扉，讓你面對影響你、對你產生作用和壓抑你的一切事物；所有關於你的個人故事和恐懼，將限制並使你的世界變得狹隘。直到我們能把自己和填滿我們內心的東西取出，我們才能夠從自身的角度看到現實世界的局限性。要想真正地活過來，擁抱生命的宏偉和壯麗，我們首先要放下潛意識的安全毯。

大多數人想到「過程」，往往聯想到線性的發展，有固定的起點和終點，擁有開始與結束。但是當涉及到自我發現的過程時，可以說毫無終點可言，我們或許會說，「好了，我已經完成了，我現在知道了關於我自己和生活一切的可能知識。」然而，我們總處在不斷變化發展與充滿無限的處境之中。

獲取靈性智商的過程與古老的藥輪有著類似的流動，在許多傳統中各種不同的藥輪被用在指導探索者的個人發展和轉變旅程，藉由一系列的步驟和實踐組成，一個放手與帶入的循環，在面對恐懼的過程中，我們可以重新利用我們自身的靈視力量，讓我們的想像奔馳，使我們感到安全。每次當我們環繞著藥輪旋轉時，每一層都變得更加容易，工作得以更順利。

獲取靈性智商的過程將帶你透過十個核心步驟，使你深入瞭解為什麼你是這樣的人，以及如何成為你想成為的人：

第一步是拋開我們關於自己的所有故事和信念，這些故事和信念使我們被束縛在過去。

第二步是深入挖掘，進入我們內心的陰影，也就是我們的恐懼所在，並使我們擁有正面面對它們的能力。

第三步是揭開我們隱藏在背後的所有面具，因為唯有如此，我們才能夠擁抱我們的獨特性，並舞出我們自己的節奏。

第四步是擺脫自動駕駛模式，這樣我們就不會去想著一天、一年或是一生就這麼過去。

第五步說明我們將認識到現實並非一成不變，而是像萬花筒一樣，伴隨著我們旋轉的鏡面而產生變化。

第六步教導我們，生活中沒有什麼是永恆不變，從我們自己的身體到自然界，一切皆處在不斷變化的狀態之中。

第七步是即使處在混亂的日常生活中，也要能夠發掘你內心的平靜。

第八步將告訴你如何讀取和引導能量，如何避免你的能量耗盡，以及當你需要更多能量時如何補充。

第九步揭示了我們如何透過自然，發掘一種深刻的連結，讓我們超越自身的生活，重新展現對自然的敬畏。

第十步是成為自己命運的主宰，明白我們都是自己史詩故事中的主角。

在第二部分中，有一系列來自不同靈性傳統和現代心理學的練習和實踐。冥想主要來自佛教，而內觀和自我參問的問題則是典型的禪宗。有些問題是為了在當下幫助你，而有些問題則是需要你去內觀。薩滿練習將我們帶入儀式和儀典，藉此喚起我們內心深處的力量。這些練習的目的是為了幫助我們突破智力的束縛，使我們能夠到達一個超越語言的地方。這些練習具有難以置信的力量，在圍繞一個問題或信念時，能夠轉移能量，而毋須從智力上來理解它。

獲取靈性智商的過程是我們在人生的任何階段都可以做的事情，無論我們身在何處，正在做什麼。這是真正的終極冒險；如果我們希望找到我們自己的聲音，進入我們自己的力量，圓滿地生活，我們皆需要進行這樣一場個人的探尋之旅。

僅牢記，這是一個過程，你需要積極參與。這不會只發生在你身上。設定一個你想從此過程和發展你自己的靈性智商中獲取的方向。這一點十分重要，這個意向將指引你方向，提醒你在此過程中這麼做的理由。你的意向將成為你個人的心咒，帶給你深刻的意義和目的。

第一部分

心靈的重要

終極智商

當我去上學時，他們問我長大後想做什麼，我寫下「快樂」。他們說我沒聽懂問題，我說他們不懂人生。

When I went to school, they asked me what I wanted to be when I grew up. I wrote down 'happy'. They told me I didn't understand the assignment, and I told them they didn't understand life.

——約翰．藍儂（John Lennon）

當被問及生命的目的為何時，達賴喇嘛只是簡單地回答：「活得快樂」。對於這樣一個深切的問題，這個回答似乎有點輕率和不切實際，但快樂不正是我們所有人想要和努力爭取的嗎？沒有人願意受苦，如果你抽絲剝繭我們做的每一件事背後的原因，它幾乎都是由希望或信念驅動，它可能帶來快樂，無論這對我們每個人來說意謂著什麼。

說得清楚些，達賴喇嘛並非在談論購買一隻霜淇淋或一輛法拉利中所獲得的短暫快樂，他也不是在談論你如何從單調的日常生活中短暫休息時所獲得的快樂。他指的是一種深刻的幸福；一種內心的平靜，一種強烈的幸福感，它支撐著你的整個生活，終其一生，無論順境還是逆境。這才是真正的幸福。

你可能會想，這是一個不錯的理想，但對於任何生活在現代生活壓力下的人來說，卻是一個相當不切實際的夢想。但事實是，幸福就在我們所有人的掌握之中，在我們每一個人身上，無論我們是住在宮殿還是牢房。

達賴喇嘛所說的這種至福的內在平靜和根深蒂固的快樂，我們都可以透過發展我們所有人與生俱來的「靈性智商」來實現。與它的名稱恰巧相反，它與宗教沒有任何關連。它也與信仰、希望或信念沒有任何關係。然而，它確實能真正地提高我們的整體幸福感，給我們提供我們需要的快樂、充實和有意義的生活。一旦開展，靈性智商將賦予我們一種強大的知識，不僅攸關我們自己，而是關於生命本身的本質，而這一啟示，當涉及到我們的幸福時，便改變了遊戲規則。這就像理解魔術師的把戲。一旦你知道這個魔術是怎麼辦到的，你仍能夠享受魔術變出的把戲，但是你不再受到戲法的愚弄。

我們在學校裡並沒有被教導任何關於靈性智商的知識。大多數人對它所知甚少，也不知道它能給我們帶來什麼。但事實上，它已經存在了幾千年；這是一個被所有古老的心靈傳統所掌握的公開秘密。

我們在生活之中經歷過生命的震盪起伏，使我們或多或少學習過這類的知識，然而我們只有真正在遭遇生活中的危機、喪親或悲劇時才會被迫發展這項能力。但是，不管我們在生活中是否如魚得水，還是得在混亂中盡力度過每一天，缺乏靈性智商的生活如同還沒先學會游泳，就跳進湍急的大海一樣，對我們而言都是不必要的挑戰。如果不去對這項能力加以瞭解，絕對錯失了一個透過發展我們自己的靈性智商，在生活中獲得寶貴優勢的良機。

另一種觀點認為，靈性智商是將靈性付諸行動，它為我們提供了實用而有效的技能組合，讓我們得以在美好的時光中得到昇華，並迅速度過艱難的時刻。它是貫穿所有心靈傳統以及現代心理學流派的核心智慧。它是支援我們精神和情感健康的基石，因為它幫助我們理解一切，從我們的生活是如何被我們私人的內心世界（也就是思想、想法）所左右，到我們超越自己的生活，見識到我們在更大遠景中位置的能力。最重要的是，儘管我們意識到我們喜歡把自己當成獨立的生命，但實際上我們卻非如此。即使是坐在喜馬拉雅山高處山洞裡的瑜伽修行者，也需要依靠河流裡的水，以及山洞作為遮蔽的空間和吸取空氣來呼吸。因為我們都是生命之網的一部分，我們皆為地球的一份子，我們與大自然和人類之間的關係與相互依賴，對我們的整體福祉至關重要。

與智商（Intellectual Intelligence）和情商（Emotional Intelligence）不同，這兩者是衡量我們獲取和處理生活中日常事物的能力，靈商則是對生命本身的理解。如果你想像自己坐在劇院裡看一場戲。你的智力幫助你理解劇情，而你的情感則能夠讓你參與角色和故事之間互動。靈性智商則包含了這兩者，卻也同時意味了你更能夠體會這幕戲背後的意義。這就像擁有一張可以進入所有區域的通行證。如果你把智力看作是左腦，把情感看作是右腦，那麼靈性智商就是整個大腦。實際上，它是所有其他智商的總和。你可以稱它為「終極智商」，好消息是，我們都擁有這個智慧的種子在我們體內。就像我們可能會定期鍛煉來發展我們的肌肉以保持身體健康一樣，我們需要發展我們的靈性智商以保持我們的心靈健康。

認識心靈之所在

我不會讓任何人用骯髒的腳跨過我的心靈。

I will not let anyone walk through my mind with their dirty feet.

——聖雄甘地（Mahatma Gandhi）

如果我們想照顧好自己的心靈，首先要做的便是瞭解自己的心靈。而當我們思索心靈為何時，我們傾向於思考的是心靈的表面，而非深入心靈本身，這麼做有點類似以管窺天。心靈遠不止是心智的居所，更是我們的本質——心之靈魂的所在。

我們生活的全部，與我們的生活以及我們如何生活，這之間有絕對的關係，這一切皆由我們的心靈所支配。我們的每一個想法、恐懼、情緒、信仰和感知都由它控制，使得我們的心靈實際上成為我們的一個無形、看不見的主子。它在本質上明顯難以捉摸。不僅僅是因為它有許多不同的名稱——內心、內在自我、內在世界、「覺知」和「意識」——再加上沒有人能夠確切說出心靈究竟是什麼，或者說，就這一點而言，心靈究竟**何在**。

如果讓我們指出我們認為它在我們身體的什麼地方，大多數人可能會指向我們額頭的位置。感覺它可能在我們的大腦之中，或者至少在我們的頭蓋骨內，在我們眼窩後方的某個地方。但是如果神經外科醫生將你的頭蓋骨打開，在你的大腦周圍探究一番，他們不會找到。也許這正是因為心靈不是大腦，就像晚間新聞不是電視一樣。如同我們需要電視或類似的設備來觀看電視節目的道理一樣，我們需要透過大腦來進入心靈。就像最炫的電視機如果沒有節目播放等同沒有任何意義，我們的大腦如果缺少心靈的體驗也不具有任何意義。

簡言之，缺少了心靈，我們將不復存在。缺少了心靈，一切將消失殆盡。

心靈難以捉摸的原因之一是它並不像大腦那樣是有限的器官，而是一種自由流動的能量。它是一種意識的能量，帶給我們個人生命經驗，也許這正是它將我們與普遍客觀的智慧和普遍存在的意識連結起來的橋樑。心靈是個人客觀與純粹意識的部分，承載著我們的生命經驗。兩者在心靈結合之處，如同天空與太空之間的界線一樣難以界定。

當我們談到心靈，有件事相信每個人都會同意，人皆有心靈，當我們善加利用它，而非與它作對時，生命將趨於難以估算的美好。

人非運轉的機器

當心庸碌的生活帶給我們貧瘠。

Beware the barrenness of a busy life.

——蘇格拉底（Socrates）

儘管我們在上個世紀取得了驚人的進步成就，然而我們的生活非但沒有變得更加輕鬆和愉快，反而變得越來越有壓力和壓迫感。越來越多的人陷入了應付現代生活的壓力、噪音和快速的生活步調。我們生活在一個永遠停不下來的世界裡，幾乎無法從永不休止的「勞動」中得到喘息的機會。忙碌被視為是件好事，是我們受到重視和需要的象徵。無論是難以捉摸的待辦事項清單、在工作和家庭生活中取得平衡、養家糊口，還是看似不重要卻又不可或缺的約會，皆令我們過著庸碌不堪的生活，使我們不斷地周旋在我們的需求、欲望和期望之間。在現今的社會中存在了一種集體的信念，那便是如果我們卯足勁工作，表示我們不僅重要，而且在生活中表現良好。忙碌被認為是正常且良好的生活方式。

但問題是我們生活在一個快速發展的世界裡，這個世界就像一列失控的火車，一年比一年快。為了跟上時代，我們開始像瘋狂的孩子一樣，長期處於高血糖的狀態。無論我們在哪裡，無論我們取得了什麼成就，都是不夠的。我們需要更多。我們需要自我修復。我們永遠在期待著下一件事。來自他人和我們自己的壓力永無休止，要做得更好，做得更多。我們長時間集中精神的能力或願望已經消失了，我們喜歡在短時間內獲取一切事物。我們需要迅速進入正題，以便我們能夠繼續進行下一步的工作。我們長期處於一種無法持續的警覺狀態。我們沉迷於不斷的刺激，我們不知道如何從停不下來的工作或總是處在興奮歡樂的狀態中停下來，使我們的身心靈承受了極度的壓力。

我們的現代生活方式是以犧牲我們的健康作為代價，特別是我們的心理健康。我們的心靈從來沒有得到休息的機會。我們在精神上疲憊不堪。任何有小孩的人都知道，孩子要是累過了頭總免不了大哭大鬧。那麼，我們也不例外，只不過，與孩子不同的是，我們可以學會破解自己的情緒信號。當我們的情緒出現波動，我們的睡眠模式出現問題，我們的心情開始變得晦暗，我們發現自己對周圍的人發出嘶吼，但我們可以有其他選擇。我們可以無視這些跡象，繼續前進，直到身體出現其他副作用才有辦法真正阻止我們，或者我們可以把它視為一個是時候進行評估並做出一些調整的信號。

如果你不記得何時一夜好眠，或者上一回你在觀看電影時沒有每五分鐘看一次手機的時刻，那麼你很有可能陷入了戰鬥或逃跑的狀態：一種原始的生存狀態。

現在很多人都在談論戰鬥或逃跑反應，因為它被廣泛認為是一系列精神和身體疾病背後的一個共同原因。創傷後壓力症候群（PTSD）、焦慮、慢性疲勞綜合症和失眠，以及腸道問題，只是其影響的幾個例子。它也被稱為「急性壓力反應」（acute stress response），是一種身體對它認為危及生命的任何事物的自動反應。它讓我們在一個短暫的時間內成為超人，將我們的意識提高到敏銳的層級，並賦予我們超快的反應能力和速度，讓我們因此擁有絕佳的機會逃離危險。這與我們在整個動物界看到的生存反射動作完全相同，除了一個關鍵的區別。在這個例子中，我們進化的頭腦實際上是我們的劣勢。我們的記憶和分析能力意味著它同時既是有害的，也可以對我們大有助益。

你可以想像一下，一匹年輕的斑馬在一個巨大的廣闊平原上與其他斑馬平靜地吃草，突然，一頭獅子出現，開始追趕獵物。由於感受到了迫在眉睫的威脅，每一頭斑馬皆陷入戰鬥或逃跑的反射動作。小斑馬的心跳上升，呼吸加快，血液從流向消化草料以及其他重要的器官，重新流向肌肉和四肢，使牠因此能夠做出反應，逃出獅子的獵殺。如果它幸運地逃過獅子的獵殺，感覺到威脅結束，牠的壓力荷爾蒙便會下降，牠的系統就會恢復正常。為了消除恐懼的能量，牠的身體或許會做出劇烈的抖動，然後，在片刻之間，牠又返回草地，平靜地吃草，彷彿什麼事都沒有發生過。

另一方面，我們已經失去了這種復原的藝術。我們無法輕易擺脫壓力，這都是因為我們將事物概念化。雖然我們大多數人不太可能受到獅子的威脅，但任何我們感知到的創傷事件都可以觸發戰鬥或逃跑反射。這是一個原始系統，它無法區分獅子的攻擊和咆哮的老闆。我們能夠在腦海裡一遍又一遍地重複對我們生命的威脅——不管是否真實——這意味著我們仍不斷受到這種反射觸發。我們的壓力層級持續升高，處於高度戒備的狀態。我們的身體已經做好了準備，就像前線的士兵，身體、精神和情感上的精疲力竭，使我們真的開始感到疲憊不堪（在本書的多篇文末，我會給你一些練習，這些練習對於讓我們的整個系統在更深層次上的完全放鬆非常有效）。

這種「戰鬥或逃跑反射」的觸發有助於解釋為什麼我們很多人發現讓我們的大腦停止運轉和關閉很難。普通人每小時有超過兩千個想法，是我們在同一時間內呼吸次數的兩倍多。

光是想想就累了。這便是佛教所說的「猴子大腦」。專家們估計，人類每天會產生六萬到九萬個想法，這使得我們大腦中的這隻猴子異常忙碌。我們不斷地思考，卻鮮少把任何想法想個徹底。其中有些想法會讓我們聯想到其他事物，然後我們便隨機地從一個想法跳往另一個想法，再轉到下一個。

下回當你發現自己迷失在一連串的念頭時，試著回想每一個出現的念頭，看自己如何結束一個念頭。找到最初的念頭，看你是否能夠堅持足夠長的時間把一個念頭從頭到尾想一遍。這是一個效果強大的小小練習可以用來馴服你的猴子大腦。這也可以是個相當有趣的做法，可以看到念頭如何隨機跳躍！

我們的祖先與我們不同，他們別無選擇，只能遵守自然法則。然而，這意味著他們在一天結束時有機會放鬆。他們沒有像電這樣的奢侈品，必須遵循日出而作日落而息的週期。和看電視一樣，他們坐在一旁看著火堆入睡，讓他們的大腦從一天的刺激中舒展和放鬆。他們順應自然擁有機會取得協調，在喧囂的日常生活中重新找到自己。與我們的祖先不同，我們必須在我們的日記中騰出時間來做這件事。我們能給自己的最大禮物便是在一天當中停頓片刻，簡單地審視自己——回到當下——因為在日常生活中，我們很容易迷失自己，從一件事跳到另一件事，在這之中迷失。重要的是，我們選擇在一天中花點時間按下暫停鍵，這樣即使只是一瞬間，我們也能夠找到我們的立足地，讓我們腳踏實地。

深呼吸靜觀

這裡有一個簡單的一分鐘冥想來幫助你調整呼吸：

- 將一隻手放在你的腹部，另一隻手放在你的心臟上。
- 閉上眼睛，開始深呼吸，首先感覺到腹部在掌心隆起，然後感覺到你的呼吸延伸到胸部。
- 當你吐氣時，讓空氣從胸腔吐出，然後再從腹部釋放。所以，每次呼吸時，兩隻手都會因為呼吸跟著起伏。
- 吸氣時，腹部的手會先起伏，然後才是放在胸前的手；吐氣時，胸前的手先下壓，接著胃部的手才跟著吐氣下壓。
- 當你吸氣時，想像吸入純淨的清理能量，讓它沖刷你身體的每個細胞。
- 當你吐氣時，想像從你的身體中釋放出所有的壓力和毒素。

對某些人來說，從原來的工作中停止下來更需要勇氣。我們可以在「從事日常工作」中找到一個避難所，這意味著我們可以避免與自己相處。事實上，我們許多人終其一生大部分時間都在逃避自己。我們不想面對自己，因為害怕我們將會發現的結果，或者更糟糕的是，我們進到自我之中，因為如此一來，我們將可能為內在的聲音（是的，我們都有）創造一個空間，讓這個內在的聲音評論我們是如何把生活弄得一團糟，我們哪裡做得不夠好。也許，如果我們慢下來，那麼每個人都會意識到我們不知道自己在做什麼。

攸關個人

知人者智，自知者明。

Knowing others is wisdom, knowing yourself is enlightenment.

——老子

我們當中有越來越多的人，不分年齡、性別、文化、宗教或社會地位，皆成為生存危機或使人衰弱的壓力和抑鬱症的受害者。精神疾病是不分國界的。心理和情感健康如今成了來自各個領域的成功和幸運人士經常登上版面的故事，他們公開與抑鬱症、創傷、焦慮或陷入絕望的個人掙扎，感到迷失、不知所措、空虛或質疑他們生活的意義或目的。

任何曾經掙扎在這些難以忍受的恐懼或情緒裡的人都知道，天堂和地獄並非只發生在來世，它們也存在於我們所有人身上的心靈狀態，在我們的生活和呼吸之間。遭到焦慮或抑鬱吞噬宛如活生生的地獄，而被愛或享受完美時刻又彷彿身處天堂。我們的心靈狀態可以完全控制我們身處天堂與地獄，並直接影響我們的牛活品質。透過發展我們的靈性智商，我們不必對自己的心靈感到恐懼，它將成為我們可信賴的盟友。

精神障礙十分主觀。對每個人來說，其原因和嚴重程度各不相同。對一個人來說，抑鬱症可能感覺像一片烏雲籠罩，令生活頓失色彩，而對另一個人來說，抑鬱症可能令人沮喪得不敢下床。我們選擇用多少個標籤來區分一系列的疾病其實並不重要，它們只是藉由不同的名稱來描述我們的心靈掙扎著尋找平衡的事實。它們都是精神不安的形式，也是我們基於某種原因趨於失衡的跡象。所有精神疾病的一個共同點皆出自心靈。這就是為什麼熟悉心靈的本質以及明白它是如何運作，對我們整體的身心健康至關重要。

瞭解人類的處境讓人大開眼界。能夠超越我們的習慣行為，清楚地看到我們的心靈如何操縱和控制我們所做的一切，將改變我們的一生。我們多數人直到出了問題才會把注意力轉向正視心靈本身。在那之前，我們總是隨心所欲地任心靈自由流動。我們沒想過要質疑它。因此，當我們的心靈因為一個微小情況便感到驚恐，或是內在出現各種交錯的聲音對我們說我們有多可悲或無用，我們便把這番話當作事實。我們完全相信，無論我們的心靈對我們說了什麼，都是對現實準確和客觀的描述，正是這種盲目的信念，成為我們眾多精神痛苦的根源所在。

我們所知道的心靈既不純粹也不客觀，因為當我們想到心靈時，我們想到的是裡面的東西，而不是心靈本身；我們想到的是天空中的雲彩，而不是天空本身。它與我們的個人經驗和對幾乎所有事物的解釋息息相關——不僅僅是我們自己的一生，還有我們所繼承的信仰和條件。過去經驗的印記彷彿天空中的雲彩一樣，緊貼著我們的心靈，每一個印記皆影響著我們如何解釋我們周圍的世界和我們經驗的生命。

如果你自小與「彩虹小馬」相伴，或是夢想著有天擁有自己的馬，你可以跟這個最好的朋友和他一起經歷很多冒險，那麼你對馬的感受將與小時候被憤怒的馬踢傷或是咬傷過的人，或者與那些僅僅因為父母喜歡騎馬而被迫享受騎馬的人，形成鮮明的對比，他們的童年總是被告知他們有多麼幸運。我們如何看待馬匹，完全是基於我們與馬匹之間有過什麼樣的不同經歷。這些經驗和我們對它們的解釋成為情感的印記。如同骯髒的腳印一般，在我們的心靈上留下了痕跡，並繼續對我們產生影響，直到我們將它們清除。在我們歷經發展靈性智商的過程中，我們開始認識並清除這些印記，當我們這樣做的時候，我們開始不再受心靈的擺佈。我們不再像風滾草一樣被每一個思想、恐懼和情緒拋來拋去。

一旦我們意識到我們大腦中的東西並不是客觀的，而是經由個人的解釋所組成的，我們便能夠開始重新取得控制權。因為如果心靈是主觀的，那麼它便具有可塑性。這意味著我們的心靈不是一個我們必須管理或忍受的既成事實。我們不僅擁有馴服和訓練心靈的能力，而且實際上與它成為好友，這意味著我們有能力在它的支援下茁壯成長。

我們無法阻止負面情緒再次控制我們，也無法避免腦中的各種聲音在我們不注意時影響我們。然而，我們有很多方式不讓它們影響我們，重新取得控制權。

要打破任何負面的思維模式或讓你腦中的聲音閉嘴，有一個簡單且非常有效的方法是五感冥想。重點不在你身處何地；你可以待在床上、公車上或在會議期間進行。透過五種感官——視覺、聽覺、嗅覺、味覺和觸覺——你可以有效地從思想的虛擬實境中走出，進入你的身體，這段時間足夠讓你不再返回你之前離開時的念頭。你甚至不用放下這本書就可以進行這種冥想。

五感靜觀

- 首先，環顧四周，在頭腦中說出你能看到的任何東西：一把椅子、一扇窗戶、一輛紅色汽車……五、六件在你眼前出現的東西。

・然後注意你能聽到的最遠的聲音是什麼。它可能是交通、飛機的聲音或某人的聲音。

・接下來，注意你能聽到的最近的聲音是什麼。這可能是你窗外的一隻鳥，或者，如果你非常安靜，你或許能聽到你耳朵裡的聲音，或是你自己的呼吸。

・然後注意你能聞到什麼。如果你聞不到任何東西，可以聞一下你的手背或袖子。

・現在注意你在嘴裡嘗到什麼。

・最後，留意你的身體在座位上、床上或任何地方的感覺。

整個練習不超過三十秒，但你可以隨心所欲地延長時間。一旦完成了，如果可以的話，請隨意回到你所想的事情上。這個思維模式在第二輪將不會對你產生同樣的影響。這是個練習，你可以在記得的時候做。你可以隨心所欲做，每隔一小時做一次，或者在對你有幫助的時候做。從我們腦中的思維走出來，回到我們的身體，這是在我們自己和任何消極的自我對話之間創造一些距離的有效方法。

道路上的坑洞

經驗不是發生在你身上的事情，而是你如何對待發生在你身上的事。

Experience is not what happens to you, it is what you do with what happens to you.

——阿道斯．赫胥黎（Aldous Huxley）

靈性智商肯定對我們的生活有利，但這並不意味著，即使開發了靈性，我們可以免於遭受考驗和麻煩。儘管我們可能不這麼想，但我們無法控制生活帶給我們的考驗。然而，我們確實可以完全控制我們對它的反應。我們如何讓生活來塑造我們，選擇權在我們的手上。我們可以認為生活有一部分就是不斷給我們帶來挑戰，難免會有一些時候，我們不僅會失去平衡，而且會被打倒。我們的幸福和福祉並不是取決於永遠不會失去平衡，而是當我們的生活發生變化時，靈性智商可以給我們一種強大的復原力，這意味著我們擁有迅速恢復的能力。

發展靈性智商給我們帶來最有力的體認便是教會我們接受沒有人是完美無缺，即使是我們這個時代最受尊敬的靈性導師也是如此。

當我們發展我們的靈性智商時，我們意識到只有我們自己能對我們的生活負責，而不是降臨在我們身上的殘酷事實，而這個殘酷事實實際上既為我們帶來解放，也賦予我們權力。我們可以選擇自己的生活方式，而不是其他人或其他事物。因此，我們掌握的資訊越豐富，我們的生活就越有可能按照我們希望的方式發展。靈性智商帶領我們將我們的命運牢牢掌握在我們自己手中。它提醒我們，我們才是自己故事的主宰，而不僅只是別人故事中的一個小角色。

但這意指什麼？

人類無法發現新的海洋，除非他有勇氣看不見海岸。

Man cannot discover new oceans unless he has the courage to lose sight of the shore.

——安德烈．紀德（André Gide）

靈性背負了許多不同的說法和誤解，當人們提到「靈性」或進行靈性實踐時，我們很難知道他們真正所指的意思是什麼。在這一點上，當一個人聲稱自己骨子裡沒有靈性的慧根時，一樣令人費解。如今，靈性這個詞可以泛指擁有悠久歷史或是嶄新的學校、傳統、實踐和過程。

靈性方面的話語對於理解靈性一詞同樣無濟於事。除了新世紀的詞語，以及從六十年代以來的「夏日之愛」（Summer of Love）所延續下來的精神之外，它其實充斥著各種隱喻，就其本質而言，靈性一詞具有許多開放性的解釋。與任何領域一樣，靈性也有自己專屬的術語。然而，與多數術語不同的是，多數術語作為專門用語，一經解釋就很容易理解，而靈性話語卻恰好相反。它是由難解的詞彙和短語組成，與其說是澄清，不如說更加令人如墜五里霧之中。試問一百個靈修者如何定義「開悟」、「更高意識」、「覺醒」、「覺知」、「自性」以及「與宇宙合一」，你很可能更加迷惑。

因此，不難理解許多人一聽到「靈性」一詞只想掉頭離開，或者擔心他人看待自己的目光，而不讓他人知道他們的興趣所在，只因一般人往往將此當作巫術、幻想，以及與現實世界脫節。矽谷興起一股改造靈性一詞帶給人們看法的風潮，以酷炫、前衛的定義取代花俏的包裝，因此現在靈性一詞不再掩蓋在詩意的隱喻中，而是以活潑的方式包裝成充滿科技感的說法，如「心靈駭客」、「潛意識重新編程」和「生命升級」。

以更加開放的方式來解釋靈性一詞，以吸引更多人接受不啻是件好事，這麼做無非證明一個事實，即使我們現今處於尖端科技的社會，仍無法拋開傳統的永恆智慧對我們的影響。矽谷的做法反映出那些處於社會一定階層的人投身於發展他們自我的靈性智商方面的價值。

許多新的包裝宣傳聲稱這些古老的做法如何幫助我們實現更多，在工作中表現得更好，並在我們生活的各個領域體現更豐富的影響。

然而，儘管我們可以利用靈性實踐專注在我們的目標，但靈性提供的東西遠超過單純在工作方面有好表現或遇到絕佳的合作夥伴。為了使其更有市場，我們捨本逐末，然而人生的目標無法滿足靈魂所需。

我們都很清楚人生的目標只會給我們帶來短暫的快樂。如果人們可就此即感到快樂滿足，那麼那些擁有功成名就的人照理將永遠不會感到空虛或沮喪。僅僅使用靈性引導作為目標的引導者，只將靈性局限在我們期待改變和超越的模式中，把靈性用於這些目的就像搭乘太空梭從事每週的食物採買。

冥想是治療焦慮的一個強大且具有價值的解藥，當我們對生活感到不知所措時，它是一個真正的避難所，但它的好處遠超出僅僅只是作為維護或是處理問題的工具。冥想敞開我們的心靈：它幫助我們超越日常的事物；它是我們如何從個人生活的微觀層面，穿過宏觀層面向未知潛力的無限延伸。

隱喻能喚起我們內心深處比智力所能理解更加深層的東西。它能幫助我們進入一個超越語言表達的地方。可以點燃我們的心和靈魂。揮灑詩意的短語，而非精準的語言，目的在於因為靈性是主觀的。一切皆與我們的個人經驗脫不了關係。我們可以認同別人的經驗，產生共鳴，並從他們的故事中得到深刻啟發。但最終要想從中獲取無限的美好，這種經驗必須是我們自己的。理智上理解每天閉目冥想二十分鐘的好處，除非你真的去做，否則並沒有任何價值。

如果去除所有的裝飾——儀式和隱喻，異國文化想像或其他——那麼，從根本上說，靈性是一種自我發現的歷程。而這是我們每個人所能做的最重要的冒險。它是一個實現的過程，向我們展示了生命中還有很多比起我們執著於表象更重要的東西。我們就像一個嬰兒，沒有意識到包裝盒裡裝的並不是禮物。在我們生命中的某個時刻，無論是透過好奇心還是危機，表象物質開始令我們感到空虛，甚至毫無意義，而我們意識到為了找到任何具有深度的意義，我們必須看穿閃亮奪目包裝物底下包裹的內容物。

今天，當一個人談到靈性時，他們通常指的是諸如冥想與其他非主流的古老傳統。他們談論的並不是宗教。事實上，靈性和宗教不再是同一個概念。它們彼此無法互換。不論是鑽研靈性研究或只是採取某些做法，與你是否是虔誠的教徒、無神論者或介於兩者之間沒有任何的關係。你不需要把整個衣櫃換成飄逸的長袍，用水晶填滿你的房子，對每個你身邊的人行瑜珈禮。你不需要認同一個教堂或信仰結構。也就是說，如果你有宗教信仰，這些古老的傳統或做法都不會干擾你的個人信仰或信念。你可以是靈性的，也可以是宗教的；你可以是靈性的，同時也是無神論者；你甚至可以是靈性的，同時也是一位科學家。

這或許會令一些科學家感到退縮，然而科學和靈性並非完全背離，他們都致力於追求對我們生活的世界的理解。就科學而言，它是對我們周遭世界的理解，而就靈性而言，則是對我們內在世界的理解。一個是客觀的，另一個是主觀的。一個是由統計數據所支持，另一個則是透過生活經驗。

沉靜的探索者

真正的發現之旅不在於尋找新的風景，而在於擁有新的目光。

The real voyage of discovery consists not in seeking new landscapes, but in having new eyes.

——馬歇爾．普魯斯特（Marcel Proust）

古往今來，總有一些人對世界的看法與他們所處的社會有一些不同。每一代人都有獨行俠和局外人，他們的好奇心和興趣使他們在人群中特別突出，我們也許可以說，第一個帶領眾人的靈性導師便屬於這一類人。他們是最初的無畏探險家，朝向未知的疆域探索。他們感興趣的風景不是他們周圍的世界，而是人的內心世界。靈性的開始可以追溯回三萬多年前，最初的靈性大師或許可以稱為薩滿。薩滿是每個社區不可分割的一部分，提供一種包羅萬象式的服務，他們既是心理學家、哲學家、生命導師和治療師。他們是部落中的智者，受人尊敬與敬畏，常被認為是超越世俗，只因為他們對生命本質熱衷，意味著他們理解和感知到部落其他成員所感知不到的事物。然而他們花時間所培養的技能，我們所有人其實皆與生俱來。

如同跟隨他們的靈性大師一樣，他們在催眠中看到了超越了日常生活的一切：他們研究和觀察這一切，試圖弄清楚我們的現世，以及我們如何在其中生活。當他們的同儕忙於他們的日常生活，沉浸在生活中的各種日常事物時，這些靈性導師們意識到我們大部分人的生活不過只是一場演出，一個大多數人不假思索將其視為現實的幻覺。他們著迷於鑽研這場演出、這場集體幻覺如何產生，以及它給每個受其影響的人所帶來的痛苦。

他們以一個拆解收音機的方式，去解開生命的結構，特別是人類的狀況。他們是第一個探索和繪製心靈不同層次地圖的人，並意識到心靈就像木偶師一樣如何在幕後工作，不僅控制我們如何看待生活，而且控制我們對生活的體驗。

儘管對大多數人來說，生命的本質至今仍是一個謎，但如何擁有一個深切快樂的問題解方，在幾千年前就已解決了，其中有人曾一動不動地在樹下坐了四十九天找到了答案。幾千年來，這些智者一直像半人半神一樣受到崇拜和敬仰，但儘管他們在自己的領域無疑是非凡的天才，但他們並不是在神仙的陪伴下飄然降臨人間。他們只是凡人，像你我一樣的普通人。如同我們一樣，他們容易受到自然法則的影響；受到生命、死亡和痛苦的影響。他們與生活在其中的人們一樣，暴露在同樣的處境和條件。

如果你想知道究竟是什麼人，無論他在歷史上有多睿智或決心，擁有與你今天的生活息息相關的洞察力或任何經驗，答案很簡單。當涉及到我們的願望、需求和欲望時，絕對沒有任何不同。儘管階段或許大不相同，我們可能沒有像我們的祖先甚至是像我們的祖父母一樣對於這方面瞭解，但我們對幸福、對愛和被愛的渴望，以及對於我們身處的環境擁有令我們感到安全需要的掌控力都是一樣。在這一點上，我們和三萬年前的祖先沒有什麼不同。

儘管我們在生活上取得了非凡的進步，但人類的狀況始終沒有任何改變。壓力和焦慮並不是新的感覺。我們不是第一個與人類的晦暗情緒相抗衡的人。我們不是第一個時而感到迷失、空虛或被生活壓垮的人。

然而，靈性導師能夠真正幫助人們解決生活中各方面問題的發現和洞見，使人不難理解這些靈性導師們受到歡迎的原因。他們想出了生活的答案，以及如何生活，因此從遙遠的地方趕來聽他們開悟的人趨之若鶩。伴隨追隨者的成長，開始形成了學校和傳統。有些傳統是從其他傳統中形成，學校也如雨後春筍般出現，但他們都有一個共同的目標：分享他們對生活的專業知識。

藍圖

所有的真理一旦被發現就很容易理解；關鍵是要發現它們。

All truths are easy to understand once they are discovered; the point is to discover them.

——伽利略・伽利萊（Galileo Galilei）

幾千年過去，我們仍在向他們求助，我們希望能從他們關於生命和如何生活的專業知識中受益。正念靜觀（mindful meditation）和瑜珈在現今幾乎成為主流，這點並不足以為奇——你只要看看佛教僧侶在打坐時臉上的寧靜和平靜，就知道古老的傳統為我們提供了比金錢更豐富的東西。由於它提供我們多數人在生活中採取不同的其他做法，並為我們瞭解這些傳統提供了一個強有力的宣傳。毫無疑問，這些做法確實會對提高我們的生活品質有很大的幫助——甚至科學也開始接受這一點。而如果你研究了支撐這些做法的原始教義，你將不僅能夠提高你的生活品質，而且有能力去改變它。

古老的教義如同地圖，說明了我們整個心靈的景觀。每個流派和傳統都有各自的地圖，這些地圖是由致力於向我們所有人展示如何駕馭生活，特別是如何避免痛苦的眾信徒們多年來所繪製的。如果你按照麥爾坎・格拉德威爾（Malcolm Gladwell）的規則，練習一項技能達一萬個小時，你也很可能成為該技能的專家，這讓他們在這個領域無可爭議地成為了大師。所有的地圖都照亮了無形的心靈景觀，給我們提供了確實的幫助，使我們對無形的事物有了瞭解。這意味著，當我們的生活由於某種原因分崩離析，我們對生活的幻想破滅時，我們不必在心靈的深淵中四處掙扎，永遠迷失和崩潰。我們有古代大師的洞察力來幫助我們走出困境，並擁有作為墊腳石的練習，使我們能夠恢復平衡。心靈地圖自內心挖掘，吸引感官，它與靈魂對話。不同於其他多數傳統，這些知識和實踐從未被記錄下來，它們通過口耳相傳，在部落中從祖父輩傳給兒孫。他們透過故事和直接經驗來傳遞知識。

現今我們生活在資訊四通八達的黃金時代，這意味著即使幾個世紀以來，這些教義被限制在寺院裡，或只與少數人分享，但我們現在都可以獲取得到。我們不必戴上藏紅花、剃髮，或獨自隱居在雨林中；無論我們在哪裡，無論我們在做什麼，都可以從這些教義中受益。這個黃金時代的缺點是，有如此多的資訊需要翻閱，殊不知最有價值的地圖可能隱藏在眾目睽睽之下。除非你對你正在尋找的事物已有一些瞭解，否則你很難發現它。這正是令人困擾之處。

第二部分中，概述獲取靈性智商的過程是透過彙集不同的地圖（包括新舊地圖）的共同主題而形成的。這裡將所有的教義過濾成核心部分，收集了一系列不同的路徑，創造出一條你可以遵循的清晰道路。這是一個永恆的藍圖，以清楚的步驟解釋了如何重新點燃快樂和想像力，以及如何實現一個充滿深度、擺脫痛苦和折磨的偉大人生。

有了這個藍圖，我們必須把我們需要的資訊和見解交給它，這樣我們就能理解和馴服那個造就我們生命的力量。

銘記自由

隆冬時節，我終於知道，在我體內有一個不可戰勝的夏天。

In the depth of winter, I finally learned that within me there lay an invincible summer.

——阿爾貝・卡繆（Albert Camus）

所有靈性實踐的核心正是所謂的自由。獲取靈性智商的過程帶給我們這種自由。當你想到自由，你可能會設想自己在一片廣闊的土地或海洋面前伸出雙臂。或者你可能會認為坐擁成堆如山的現金供你支配才是自由。也或者，對你來說，自由只是一種隨心所欲的能力：無論何時你想做什麼都能夠實現。

然而，這些都不能保證我們能夠享有所謂的自由，哪怕是一瞬間。因為殘酷的事實是，無論我們能否做到上述的其中部分或是全部，如果我們自己的心靈不一致，我們就無法嘗到自由的滋味。

真正的自由是一種心靈狀態。如果我們心煩意亂，如果我們的內心充滿了恐懼或消極的自我對話，那麼不管我們是坐在天堂裡，還是被我們曾經夢想過的所有事物所包圍，我們都不會感到自由。我們的自由完全取決於我們的心靈狀態。透過發展我們的靈性智商，我們可以獲得真正的自由，無論我們生活在哪裡，如何生活。

靈性智商透過將我們與我們的真實本性，也就是我們純淨的心靈，重新連結，引導我們走向自由。如同我們將所有的個人物品填滿新家之前的狀態。我們可以從新家搬走所有的物品，如此我們將可以從我們的心靈清除情感的包袱和所有雜亂的信念和條件。我們每個人都有一個純淨的心靈；這是我們真實、內在的本性。正如雲層可以阻擋我們看到太陽一樣，我們對生命本質的印記與無知也會讓我們看不到我們的真實本性。

這正是未遭生活玷污和破壞的「你」。在你對生活的信念形成並將你固定在一種存在方式之前的「你」。無論我們多麼焦慮、不快樂、憤怒或抑鬱，這些感覺的方式都不是我們真實本性的一部分。回想一下天空中的雲彩——它們並非永恆不變，它們終究會過去，或者我們可以學習如何讓它們從我們眼前消失。

第二部分

獲取靈性智商的過程

步驟一——關於你的故事

心靈排毒

我們的心靈，也唯有它，才會束縛我們或使我們自由。

It is our mind, and that alone, that chains us or sets us free.

——頂果欽哲仁波切（Dilgo Khyentse Rinpoche）

閉上你的眼睛，想像你的家被你曾經擁有的一切塞得滿滿的。每個抽屜裡都塞滿了你多年來收集的所有物品。甚至可以翻出你小時候穿過的連衣裙，塞在你的衣櫃裡，而且觸目所及能夠看見數不盡的傳家寶。哦，還有一個閣樓和地下室，如果你有的話，裡面堆滿了你多年未曾翻閱過的箱子，還有更多同樣的東西。

這種囤積者的喜悅可能無法充分描述你的家的真實樣貌，但它卻描述了你的心靈。

顯然，如果我們想讓我們的家保持良好的狀態，我們至少需要維持稍微的整潔，偶爾把我們不再穿的衣服，還有阿嘉莎阿姨珍愛的瓷貓收藏，送到當地的慈善商店。然而，我們當中許多人從沒想過，當我們在腦海中存放越來越多的信念和故事，有些甚至可以追溯回我們的童年，這些都直接影響著我們現在的生活方式。心靈排毒與坐下來仔細爬梳我們的思想非常不同。它不是下載一個正念冥想應用程式，就能夠幫助我們從喋喋不休的內心找到一些喘息的機會。對我們當中的許多人來說，心靈排毒是一種早該進行的清理。別擔心，這並不是一項痛苦的差事；事實上，恰恰相反。它將帶給我們自由和活力，就像卸下一個你沒有意識到的沉重包袱。

這是獲取靈性智商的第一步——有機會讓內部的噪音安靜下來，擺脫那些讓我們無法感到滿足的故事。這是學習如何處理我們生活中的毒素，如同瞭解我們的飲食如何影響我們的身體，同樣我們的想法也會影響我們的心靈。為你的心靈排毒是踏出個人冒險之旅的第一步，以瞭解你為什麼是現在這個模樣，並成為你想成為的人。你必須保有和孩提時代一樣的好奇心，渴望知道原因，這種好奇心讓你看清自己的故事背後。就像所有的冒險一樣，有時它將具有挑戰性，你需要深入挖掘。然而，鼓起勇氣打倒熟悉的舊有信念和思考模式的回報將帶給你深刻的自由。

這並不是要粉飾你的過去，或假裝痛苦或其他的事件沒有發生。我們無法改變已經發生的事，但我們選擇圍繞它們的故事是可以改變的。當你意識到痛苦並不存在實際發生的事件中，而在於你告訴自己關於這個事件的故事中，你的生活將因此發生改變。如何看待一個事件的選擇，完全在你的掌控之中。與事件本身不同，你圍繞事件敘述的並不是事實，它不過是你對該事件的解釋。

我們都希望擁有一個幸福的生活，沒有人是為了尋找痛苦的方法。所以，當你意識到是你主宰了自己的痛苦時，遊戲規則因此改變。這在本質上意味著痛苦其實是一種選擇。

有個佛教寓言講述了兩個和尚一起旅行的故事；其中一位是老和尚，另一個則是小和尚。他倆走在一條小路上來到一條水流湍急的河邊，發現一個年輕的女人在河邊等待，不敢自己過河。當她看到僧侶們時，她起身向他們求助。老和尚二話不說就牽著她過了河，把她帶到河對岸。小和尚對老和尚毫不猶豫地打破戒規感到十分震驚，但他什麼也沒說，兩個人便繼續往前走。

一個小時接著是兩個、三個小時過去。最後，年輕和尚再也按耐不住，便大聲問道：「你不應該帶著那個女人過河。你違背了我們作為僧侶的神聖誓言，即永遠不碰女人。」

只見老和尚平靜地回答：「我幾個小時前就把她放下了。你為什麼還帶著她？」一旦你能看見累積在心中的所有故事，接續下來進行的步驟就會容易得多，也快得多。唯有我們對自己的心靈狀態負責，才能夠清醒地意識到我們提供給它的想法、意見、判斷和擔憂的咆哮。「真是沒用、愚蠢、不夠好、沒有人愛」這些自我破壞性的惡意評論，除了使我們的生活失去色彩之外，一點幫助也沒有。這不過是一個微小的駕馭能力的問題。有了這項能力，就有了自由，對於一個出現問題的心靈，也就有了避難所。

我們當中大多數人從未真正質疑過我們內心的想法，原因是我們認為這個想法就是我們自己。我們把兩者都看作是「我們」。然而，重點在於將內心的想法與我們的內在分開。我們的想法不代表我們的心靈。這些想法不是「你」，你不必毫不質疑地接受他們。僅僅因為你「認為」某事或某個想法進入你的內心，並不意味你必須相信它。某個念頭的出現並不意味著它是一個事實或真理。這裡有一個小練習，它將闡明我的意思。

試想一隻雄偉的老鷹在高空中靜靜地盤旋；花點時間真正看清牠的模樣。現在想著在一個晴朗的夜晚，夜空中出現一個美麗的滿月；同樣，花點時間來想像這個畫面。最後想著一個巨大的亮黃色三角形。觀察老鷹飛行、滿月和黃色三角形的人，與觀察你一整天意識流的人是同一個人。你可以讓老鷹飛進飛出，如同你可以控制是否讓你的念頭塞滿你的內心。你不是老鷹，也不是滿月，更不是黃色三角形，正如你不是你腦中的任何一個念頭。當你意識到這三樣東西，你必須意識到你正想到的念頭。關鍵是得在你這個觀察者和你的念頭之間創造出空間。當你創造的距離越大，它們對你的控制力就越小，你迷失在其中的機會就越小。當你在經歷負面情緒時，這麼做也很有幫助。我們喜歡將情緒具體化——「我很生氣」、「我很焦慮」、「我很沮喪」。下次你發現自己說出這樣的話時，記得在自己和情緒之間拉開一些距離。試著用大衛・艾登堡爵士（Sir David Attenborough）觀察一個有趣物種的方式來觀察這種情緒。將它看成擁有自己的生命形式，你不必與之有所牽扯。站開一段距離，讓它（情緒）通過。

在我受過的培訓中，我學到最具有療癒力的方法是從亞馬遜的一位巫醫那裡學到。他告訴我一切萬物——從我們腦中的念頭到雨林本身——皆由能量組成。他是個以能夠對症下藥為名的療癒者，他對於接受治療者的故事沒有任何興趣。他並不關心你在生活中遭遇到的問題，也不關心你的夢想。他只關注你的能量流動，並使之恢復平衡。他告訴我，當人的能量無法正常流動時，就會以病痛或精神疾病作為表現。他不是一個創造奇蹟的人，他只是藉由清除一個人的能量障礙，就像你可能從河流中清除石頭一樣的方式治癒你。一旦能量能夠正常流動，身體就會進入平衡狀態，進行任何必要的療癒。你不需要前往亞馬遜去進行體驗。你跟我都有能力改變我們自己的能量。我們在生活中的每一天都會這樣做：與朋友一起大笑、熟絡的對話、閱讀一個悲傷的故事、去健身房或進行平靜的冥想。每一種都會對我們的能量產生影響。我們對能量的理解越深，我們對自己的生活就越有掌控能力。

有一個古老的美國原住民故事，恰好說明了這一點。一天晚上，老酋長坐在營火旁，決定向他的孫子講述一場可怕的爭鬥。

「這場爭鬥正是住在我們所有人身體裡的兩匹狼。其中一匹狼被恐懼、自我厭惡、擔憂和消極的想法所吞噬。另一匹狼則是勇敢、自信、善良並對生活充滿熱情。」

小男孩想了一會兒，急切問道：「那麼哪隻狼打贏了？」

酋長回答說：「你餵養的那隻。」

故事裡有什麼？

你可能無法控制發生在你身上的所有事件，但你可以決定不被它們削弱。

You may not control all the events that happen to you, but you can decide not to be reduced by them.

——瑪雅・安吉洛（Maya Angelou）

整個世界是由故事組成，或者更確切地說，故事使我們的世界存在。故事讓我們的世界充滿生命。這點不難理解，生活中的每件事都是一個故事。從晚間新聞的開場白，「我們今晚的頭條新聞」，到我們講述關於自己的故事都是。歷史也同樣是一個故事（線索通常存在名字裡），它通常是透過獲勝一方的觀點來書寫。即使是那些事件的觀察者也不免帶有主觀的傾向。

我們的個人故事和全世界發生的故事一樣，能夠幫助我們將自己置於一個巨大的抽象世界中，與那些和我們看待世界方式相同的志同道合的靈魂彼此連結，建立起誠摯的友誼。故事將我們聚集在一起，並將我們凝聚在一塊。講故事是一種古老的人類本能。故事幫助我們找到與我們產生共鳴的同類。

我們與生俱來就有屬於我們的部族——我們的家庭、我們的文化、我們的信仰，以及我們自己選擇的群體——從我們的朋友到我們最喜歡的足球隊。每個群體都有各自的故事。聽別人講述自己的故事，發現自己與他們產生很深的共鳴，是一件美妙的事情。打從遠古時期，人類就坐在火堆旁，互相講述故事。故事可以教導、激勵和安慰我們彼此。它們塑造了我們的現實。它們是使我們能夠理解生活並瞭解我們周圍世界的引線。它們標誌著我們從哪裡來，指出我們想去的地方。但它們同時也將我們與過去的經驗和所學的行為連結在一起，這將會限制我們對自己的看法以及我們面對生活的態度。

我們都有一套習得的行為模式。它們是我們如何面對所有可能發生在我們身邊事件的執行模式。它們隱身在我們假設的問題背後，在我們隱藏的防禦中，正如我前面提到的，它們是我們痛苦的根源。

超越你的局限性

睜開你的眼睛，看看你的內心。你對自己的生活滿意嗎？

Open your eyes, look within. Are you satisfied with the life you're living?

——巴布．馬利（Bob Marley）

一個人在街上撞了你一下。你被撞得很疼。當你回過神時，你意識到這個人不僅沒有停下來查看你是否沒事，而且早已消失在街道上另一頭，似乎對於自己幾乎把你撞倒這件事視而不見。你會有什麼反應？

這是否證明了這個世界充滿了只在乎自己卻不懂得關懷體貼他人的人？你是否感到憤慨？他們是否破壞了你的好心情，毀了你的一天？或者你把它當作一場明顯的意外，希望那個慌張匆忙的人能夠及時趕到他們要去的地方？或者令你感到困窘的是，你沒有注意到他們迎面而來？

除了你的確是被那個人撞到之外，所有的一切都是一種詮釋，包括撞擊的力道。如果你同意上述任何一種說法，你的反應是基於你長期以來對生活形成的信念。

我們對自己的許多限制性敘述，從童年時期開始就不曾改變。這意味著我們仍然按照小時候對生活的看法來生活。孩提時代，我們很善於面對並處理各種狀況。我們都有原始的生存本能，因此，即使在幼兒時代，我們也很快推斷出如何面對生活做出反應以持盈保泰。我們學會了如何應付某些情況，並採取相應的行動。例如，如果你在一個脾氣急躁的人身邊長大，你因此學會如何在對方大發雷霆之前先發制人，選擇逃跑而不去面對，如此你就不會被捲入其中。我們每個人都建立了自己的內部資料庫，包括「應該去做」和「避免去做」的事，以策安全。然後呢？條件性的行為因此誕生。

限制性信念不一定是發生在我們身上的結果，也包含我們親眼所見的事情。它也可以是經由他人告訴我們的事，與我們的「同類」相關的規則和信念，甚至是我們看過的一部電影。它是我們的智力在試圖理解，並預先阻止或避免發生我們認為可能是危險的情況。它是我們個人的紅色警報系統，告訴我們避免去做某件事，因為根據證據顯示將有導致不利於我們的事發生。

無論何時，無論由誰形成，我們的信念和行為模式都源自於一個善意的出發點——對安全感的需求。任何學習行為的反面，無論立意多好，都會讓我們在之前沒有感到恐懼的地方產生恐懼。我們可能會變得害怕去做一些與我們看來「正常」卻背道而馳的事情，我們把自己限制在我們的潛意識決定的生活方式所界定的範圍之內。我們自己或他人為保護我們而設置的安全網最終會扼殺我們，使我們的生活變得狹隘。這些安全網實際上阻礙了嶄新和潛在可能發生的美好經驗。

就像我們為自己撰寫的故事或「人生啟示」一樣，我們的限制信念是由我們對於人生的假設所形成。這些限制信念並不真實。實際上，它們正是一個說明通往地獄的道路，是建立在由良好立意所鋪設而成的完美例子。它們奪走我們的生命力，更糟糕的是，它們甚至會在我們的夢想還沒成形之前將其扼殺。我們無視這些夢想，認為它們是愚蠢的、不符現實的，對我們這樣的人來說不可能實現。我們開始阻礙我們自己的道路。殘酷的是，如果我們沒有過著我們想要的生活，那是我們自己的錯。

好消息是，改變你的故事和改變你的生活永遠不嫌太晚。它只是需要一點勇氣，拋開你的限制信念，嘗試不同的生活方式。

找出阻礙你發展的限制信念和模式最快的方式便是捫心自問，在你的生活之中哪些方面不是你希望的那樣。這一個事實讓你感覺如何？無論內心出現什麼情緒，你都要堅持下去，因為在這種情緒下可能潛藏著一個限制信念。如果當你想到你在工作中似乎有無法突破的天花板時，你或許會感到絕望，你可能會發現在這種情緒之下，認為自己不夠好，覺得自己遭到他人故意忽略。如果你是一個害怕在會議上或與小組分享你的想法的人，它可能來自於你小時候曾遭遇過被他人罵過蠢蛋的事，沒有人關心你的想法。

打破這樣的信念包括沿著情感的線索回到最初的故事。我們知道什麼時候我們踩在正確的道路上，因為自動防禦系統會立即啟動。這是連串藉口以及「你不明白」這類抗議言論的暗示。你一心認為你的情況不同於他人，使你辦不到的真正原因在於有太多「因為」或是「直到某一刻」你才能夠辦到的藉口。這可以延伸到任何方面，從你不敢跟其他人約會，因為你覺得自己太老、太年輕、太胖、太瘦等，或直到你認為自己得多修讀幾個學位或課程後，才能開始逐夢。我們大多數人都有過這樣的經歷——正是這樣的時刻成為了一個個令我們無法感到自在的縮影。你因為朋友提出了一個建議，渾身就像一隻被困住的老鼠，開始在座位上坐立難安，你的眼睛到處亂轉，尋找脫身的機會，拼命想尋找話題轉移注意力。這個時候你必須決定將你的精力繼續放在捍衛你的信念上，還是面對你的恐懼，接受那限制你的信念不僅不再對你起作用，而且更積極地阻擋了你的潛力，並讓你的潛力消失。

一旦你找出這個念頭，將自己從這個念頭中釋放出來，最有效的方法就是去尋找這個念頭周圍的能量。記住：我們所有的思想、信念和行為模式都是一種能量。所以，當你想到想要釋放什麼的念頭時，留意你的身體發生的變化。這是什麼樣的感覺？你在哪裡感覺到它？它感覺像是肚子空空的，還是感覺胸口壓著一塊石頭，它是否讓你失去了能量，還是像鉗子一樣讓你感到束縛？釋放能量的有效方式是藉由儀式或典禮。不過，這並不意味著每次你想轉移一些能量的時候，你都要預訂一個軍樂隊，或者利用鼓和臉部彩繪來進行部落儀式。儀式一直以來用來幫助我們突破文字的藩籬，達到我們內心深處比起二元傾向的智力更深刻的部分。儀式是一種轉變的表達。想想我們仍然在從事的儀式——成人禮、婚禮、葬禮。每一種儀式都是在紀念一個轉變的時刻。

薩滿巫師向來擅長儀式。他們瞭解透過儀式、啟動儀式或意念的重要性。這些都成為我們個人冒險歷程中的亮點和關鍵點，這是我們做出積極改變時的有力記憶。

其中最古老的薩滿儀式是火典儀式。它的使用基於不同的原因，但我們在這裡使用它是因為火典可以提供我們快速的轉化，讓我們汰換舊有，並召喚我們內心所望。傳統上，火典儀式是在滿月或新月前後進行，以強化轉變，但是時間點的選擇並不重要，就連在哪裡進行火典儀式也不那麼重要。如果可以的話，我建議可以在戶外選一個地方生一個小火堆（請小心謹慎），因為它帶給我們一種相比自己，與更偉大某物的連結感，但在你的客廳裡用一個熱茶用的小蠟燭也可以輕易做到這一點，只要使用你手邊擁有的東西。如果你選擇在戶外進行，你將需要一些小樹枝，如果選擇在室內，則需要一些火柴。重點在你的意念，而不在於火苗的大小。

給自己一點時間和空間，讓自己遠離任何會讓你覺得匆忙或讓你感到尷尬的事物或是人。你越能讓自己融入這個儀式，它就越有力量。享受它，妝點它，真誠地感受它。

火典的三隻箭

根據你是在室內還是在室外進行火典，你將需要三根火柴或是三根樹枝。它們將是三支具有象徵意義的箭：精神之箭、死亡之箭和夢想之箭。每當我們想擺脫一種使我們陷入困境或阻礙我們的能量時，首先我們必須認可生命中的一切事物都是美好的，這點很重要。

點燃你的火，靜坐片刻。即使你是和一群人在一起，請感覺只有你跟火苗一起。然後，當你準備好了，拿起其中一根火柴或是樹枝，這將是你的精神之箭。內心充滿感激之情，朝火柴或是樹枝吹一口氣。這是一種帶著認可的有意識行為，是你道出感謝的珍貴時刻。這不是一個逐項清單，只是一個代表你在有意識或是無意識之下對一切表示感謝之意。然後把火柴或是樹枝扔進火堆。

靜坐片刻，然後拿起下一根火柴或是樹枝。這是你的死亡之箭。把你想要釋放的自我限制信念帶出來。將你在身體裡感受到的痛苦和折磨朝火柴或是樹枝吹氣。同樣，吹氣是一個象徵性動作，象徵釋放圍繞著自我限制信念，無法用言語來解釋的一切感覺。透過釋放信念周圍的能量，我們將消除它對我們的控制。把你感覺到的所有沉重的能量交給火柴或是樹枝，然後把火柴或是樹枝扔進火堆。這麼做是在把能量交給大自然，並甩掉你的限制信念。

一旦完成以上的步驟，再次靜坐，然後，當你準備好了，拿起最後一根火柴或是樹枝。這是你的夢想之箭。將你想成為什麼樣的人吹入你所有的夢想之中，這裡指的不是你想做什麼，而是你想在生活中成為什麼樣的人，然後把這根根火柴或是樹枝扔進火堆。想像一下，你正在告訴全世界、太陽、月亮和星星你的想法。透過向火堆奉獻你的夢想，你正在設定你的道路。在開始和結束儀式時請多留心。為了使這個地方變得神聖，你可以用沉默或祈禱來開啟和關閉儀式。沒有所謂的錯誤或正確與否。一切取決於你要怎麼做，以及如何讓它變得有意義。

你扮演哪個角色？

一旦你給我貼上標籤，你就否定了我。

Once you label me, you negate me.

——索倫・齊克果（Søren Kierkegaard）

如果要你現在站起來介紹自己，你會以哪四、五件事來讓我們瞭解你是怎樣的人？

機會存在於你在生活中扮演的角色以及你如何扮演。現今的生活步調要求我們快速略過我們是誰的這個部分。我們生活在人們只想知道我們的獨特賣點是什麼的時代，甚至在我們的社會中普遍可見到這樣的現象。現代生活傾向於使用現成的包裝來說明我們是誰，以及我們如何快速而簡潔地適應現代社會。我們都不想在第一次見面時聆聽別人一生的故事，我們更加喜歡簡短的預告片。

我們透過瞭解人們扮演的角色來確定他們在現今社會所扮演的位置。我們知道自己在生活中扮演的角色：兒子、女兒、父母、丈夫、妻子、醫生、律師、藝術家、管理員、薩滿。然後就可以根據我們認為這個人是敵人還是朋友，是志同道合者還是威脅者，給對方貼上標籤和框框。對一些人來說，這同時也提供了我們價值觀的一個想法，以及我們是否是一個令人感興趣的人。我們大多數人在生活中的某個階段，可能是在約會時，被告知我們必須滿足「某某人」，他們或許是醫生、電影明星、富有或是舉足輕重的人。這是一個說明某個人在生活中的角色可以取代他們實際上是什麼樣的人的典型例子。

我們根據對人們的瞭解將他們分類為不同的群體：工作同事、家人、新朋友、老朋友。你有沒有注意到你和不同的人在一起會有什麼不同的表現？我們喜歡把生活的各個部分分開。我們對任何從一個群體轉換到另一個群體的人都很警惕，因為我們明顯對於不同的群體會有不同的表現。當群體混雜在一塊時，我們不知道該如何表現。我們不知道該採取哪種角色。想像一下，與你的母親和你的老闆坐在一起。你會扮演哪個角色——貼心的兒子／女兒，還是試圖向你的老闆展示你是個充滿活力的商務人士？情況似乎再明顯不過，我們在工作時和與朋友喝酒時的行為方式是不一樣的。想當然耳，我們會根據是在和孩子、員警、與汽車銷售員討價還價還是會見女王，而採取不同的說話方式。我們之所以會這樣做，是很自然的。這不僅是一個出於禮貌的問題，也是向對方或是他們所處的位置表示尊重。

然而，與演員不同的是，他們知道自己扮演的僅僅是一個角色，可以把角色留在片場，我們有時會忘記自己不是這個角色。我們實際上扮演著這個角色，並將角色的嚴肅面帶到我們生活的其他領域。然後我們開始擔心，如果我們從這個角色中走出來，會受到怎樣的評價。我們擔心我們的行為不會被視為一個優秀稱職的母親、商業領袖或員警。而其他人也可能不會讓我們輕易地走出角色，因此我們可能會陷於成為一個角色而不是自己。我們必須小心，不要迷失在我們用來識別自己的標籤之中。我們也得小心不要依附於角色，並據此行事或在其中迷失自己。我們在生活中的角色就像我們穿的衣服。它們不是我們。如果我們去除所有的角色，我們仍然存在。

這裡有一個問題值得思考。如果你不能使用任何一個角色，你會如何介紹自己？現在你是誰？

如果我們想要獲得真正的自由，我們必須拋開我們認為自己應該是誰的想法，並去除所有我們貼在自己身上的標籤和角色。我們需要象徵性地將它們全都拋開。其中一個方法是在每張紙上寫下每一個我們替自己貼上的標籤，然後藉由火典儀式燒掉它們，或者你可以把它們寫成一個長長的清單，然後把紙撕成碎片。你可以獨自做這件事，但和一群朋友一起做這件事同樣有力。你們可以彼此幫助，讓對方看到我們潛意識中所承擔的一些的角色。

回顧關於你的故事

成為你自己的一道謎題，而非你過去的歷史的總和。

Become a mystery to yourself, not the sum of your past history.

——阿貝托．維洛多（Alberto Villoldo）

拋開我們的限制性信念和我們所扮演的角色之後，我們接下來要看的是關於我們自己的故事。

我們十分看重我們擁有的人生故事。它是我們告訴世界，我們認為自己是誰的方式。我們的故事是一個由我們精心編撰的經驗匯集而成的個人敘事，以表達和代表我們希望被看到的方式。我們用我們的故事來解釋、找藉口和辯護。有時我們甚至把它當作一種武器。我們很早就知道哪些部分的故事對我們有影響，哪些部分沒有，我們會相應調整故事的重點。多年來，我們的故事經過反復修剪、潤色和打磨，以至於我們甚至可以在睡夢中複述。我們的文字完美無瑕——我們甚至清楚地知道我們需要在哪裡換氣。

故事是如此根深蒂固，以至於我們沒有注意到故事何時開始成為一個固定的版本。我們不再質疑我們的記憶——我們為何要這麼做？我們當然不會接受他人對發生在我們身上的故事提出異議。我們高度保護自己的故事。我們忘記了這是一個充滿了我們對於自己的經歷精挑細選的故事，我們忘了我們的故事不過就只是一個故事而已。它是一個故事的版本，不是事實。

為了真正體驗這一點，而不僅僅是理智上的理解，我們可以把它視為一種自我探索的冥想。

「我是誰？」自我探索靜觀

捫心自問：如果沒有與你自己有關的故事，你會是誰？誰是擁有這些想法的「我」？拋開你用來參照自己的一切，那麼還剩下什麼？

在你坐在瑜珈墊上著手回答這個問題之前，讓我解釋一下這種靜觀方式，因為我第一次坐下來做自我探索的冥想時，完全沒有抓住重點。我當時在喜馬拉雅山的瑞詩凱詩（Rishikesh），和一位非常善良的年輕僧人坐在一起，他同意教我幾種不同的冥想風格。他用蹩腳的英語告訴我，要我舒服地坐著，閉上眼睛，思考他給我的問題——核心的精神問題：「我是誰？」於是，我照做了，並且每隔十分鐘左右我就會睜開眼睛，給他一個答案。每次他都會說我給他的不是他要的答案，並讓我再次閉上眼睛。這助長了我的好勝心。這感覺就像一場遊戲，我坐在那裡，絞盡腦汁尋找正確答案，儘管我的背疼得要命。我當時沒有意識到的是，他的英語不僅蹩腳，而且非常有限，這意味著他沒有辦法告訴我尋找答案不是問題的重點。大約一個小時後，我得到了這個訊息，他卻起身走開。

靈性問題不同於一般的學術問題。它們不是為了增加與某個主題相關的知識，而是為了讓你重新瞭解自己。所以重點不在於找到正確的答案，也不是去拷貝別人的經驗。當你坐下來問自己「我是誰？」一開始你很難不去試圖動腦尋找「答案」，所以我們可以從你不是誰或不是什麼開始。我們的想法不代表我們，我們不僅僅只是我們自己的故事。讓這個問題帶領你超越我們的思想，超越我們的智力所及的範圍。

在許多古老的精神傳統中，特別是在禪宗，皆使用靈性探究，而禪宗則以其公案而聞名。禪宗公案可以是一個問題、一道謎語、對話或是一個故事，旨在讓擅長分析的頭腦也乏力。一個靈性的問題能夠讓你超越分析性思維，進入你的內心深處。正如我發現的那樣，我們不需要獲得智力想出的答案。事實上，如果你根本不去尋找答案，而是專注於問題本身，那是最好不過。只要你花些時間，無窮無盡的問題將因此啟發你。找出問題的答案卻會因此限制你，使你立刻回到擅於分析的自我。

我們必須謹記在心的是，我們比起我們能創造出關於自己的任何故事都要豐富。因此，作為敘述者，我們可以讓我們的故事開展我們的潛力。我們的經歷可以解釋為什麼我們是這樣的人，但它們是否影響著我們的未來，選擇權應該在我們。

印度有句古老的諺語：「利用你的記憶，但不要讓你的記憶利用你。」我們是講述故事的人，因此，我們可以開始撰寫一個故事，這個故事不會綁住我們，而是讓我們自由飛翔，做一些看起來不可能的事情：我們可以撰寫一個故事，讓我們逐步成長。最重要的是記住一點，我們比起我們所撰寫的故事還要重要。

步驟二——跨出你的陰影

陰暗國度

缺少陰影，便不會迎向陽光，因此瞭解黑暗也就必不可少。

There is no sun without shadow, and it is essential to know the night.

——阿爾貝・卡繆（Albert Camus）

關於我們是誰，我們都有另外一個故事的版本，但是這個故事版本我們並不想要對任何人說。事實上，我們努力想要隱藏這個版本的故事，甚至連我們自己都不想知道。它深埋在我們的潛意識深處，隱藏了我們最不為人所知的秘密，其中包含了我們的謊言，以及連我們自己在內都不願意面對的一切，我們絕對不想承認是這個故事的所有者。

存在於我們內心「陰暗面」和「陰暗自我」這個部分對我們的日常生活有很大的影響，然而多數人甚至不知道它的存在。瑞士心理學家卡爾・榮格（Carl Jung）創造了「陰暗自我」

這個名詞，將此定義為「我們不願意成為的人」。

這裡存放了一切遭我們壓抑的感覺和衝動，我們往往因為被告知，或者自己認定這些遭我們壓抑的一切是醜陋且不被接受的。這地方同時也是我們內心的法官和陪審團，喋喋不休的聲音記錄著我們的缺陷和失敗，並把控制我們視為他們的職責。

你或許會認為最好別去理會你的陰暗自我。何苦自找麻煩？就讓事情維持原有的現狀。然而，在你決定完全脫離你內心的陰暗部分和你缺少吸引人的性格特質之前，你要知道陰暗自我同時也存放了我們不為人知的優點。這意味著我們把自己的光芒隱藏在陰暗自我之下，不讓優點展現出來。

陰暗自我根植於我們童年時期所受到的「禁令」：「不要貪婪／卑鄙／自私／大聲喧嘩／自作聰明／炫耀」……你可以根據自身的情況自行刪減。我們的陰暗自我源自於童真時期的新奇感受到壓抑所產生，我們被告知不要鬧事、不要吹牛、不要自以為是，我們很快就被定位在一個該有的位置上。

這無關乎對錯，而是我們當時尚未完全形成的內在道德指南針有時會受到干擾，因為我們正在學習如何為人處事，以及如何「適應」規則。我們很難知道為什麼一個責備或是眼神會對我們產生影響，而其他事則不會，這足以說明我們都能記得過去那些遭受羞辱的時刻，使我們感到自己的渺小、愚蠢和不被愛。

問題是，雖然我們或許想要壓抑一切我們不喜歡的特質，但這並無法解決問題，如果我們只是單純不去理會這些特質，並不意味著它們就會奇蹟般地蒸發。它們只不過是繼續如同在簾幕後方操控著我們的巫師一樣，干涉我們的生活。

儘管我們努力壓抑自己內在的這些方面，但這並不能阻止它們找到一種方式來提醒我們它們的存在。我們越是壓抑它們，它們就越有可能反彈，給我們一記當頭棒喝，往往在最不合宜的時刻，如同佛洛伊德提出的「佛洛伊德式失誤」（Freudian slip），透露我們潛意識的想法。因此，我們會害怕展現我們不討喜的情緒和感覺，如憤怒、不耐煩或嫉妒，以及使我們從人群中脫穎而出的天賦，如聰明的腦袋，害怕它們會替我們帶來不必要的關注。我們忍氣吞聲，對自己和其他人假裝我們是一個隨和、悠閒的人，但卻為了一些小事而完全失去了理智。或者我們不再努力出人頭地，因為我們瞭解到過度競爭沒有吸引力，也不受歡迎。

陰暗自我同時也稱為我們的陰暗面，但它不像在《化身博士》（*Dr. Jekyll and Mr. Hyde*）裡，那個我們的另外一個分身，此外它對我們一點害處也沒有。它是無知的，的確，在這個意義上，它需要學習處理我們較不討喜的另一個自我，但它肯定不是我們需要害怕的東西。就像法拉利或賽馬的賽事並不危險，只是得更加謹慎處理一樣，我們同樣必須更加謹慎處理我們的陰暗自我。這是因為它來自我們的內心深處，它所構成的感覺是未經處理和癒合的。

陰暗自我無法簡單以理智所及的概念來說明。我們最好把它想成是我們埋藏在記憶區塊中那個強烈而不願馴服的情緒泥沼。這裡的一切皆帶有能量，這是我們身體之所以會產生不愉快反應的原因。簡而言之，我們的身體傳達了我們內在壓抑的部分。我們可能不明白為什麼我們的身體會產生如此的反應，儘管如此，這些反應仍不自覺的出現。陰暗自我就藏身在我們那些過度反應之後，情緒的瞬間爆發、導致我們血液沸騰的憤怒、令我們感到不屑或是讓我們渾身發癢的厭惡感。困窘使我們只想找個地洞鑽進去，讚美使我們坐立難安，或者遭我們摒棄的奉承，只因為我們不知道如何處理它。陰暗自我與這些下意識出現的不恰當反應有絕對的關係，這些反應不像是出於有意識的情況下出現的，甚至不在我們的控制之下。只要一想到這些情緒就會讓你不自覺渾身發顫或是羞赧得想死。

十三世紀蘇菲派精神大師兼詩人魯米（Rumi）擁有捕捉人類複雜情感的驚人能力。他的詩作說明了人類今天所經歷的掙扎絕非新時代的產物，我們的先祖們也具有同樣的困惑和恐懼，不得不透過同樣的情感範疇來解決。這是我經常要求委託個案閱讀的一首詩，因為它告訴我們，與其害怕所謂的負面情緒，不如選擇與它們結交朋友。這些負面情緒向我們展現它們能夠提供我們幫助的信號，強調需要我們關切的地方。

迎賓小屋

賈拉爾丁．魯米（Jalaluddin Rumi）／作者
科爾曼．巴克斯（Coleman Barks）／翻譯

人，生而為一間迎賓小屋，
每天早晨都有新到訪的旅客。

歡愉、沮喪與不懷好意，
某些覺醒時刻的來臨，
如同意料之外的訪客。

歡迎並禮遇他們！
縱然他們帶來大片的憂傷，
狂暴地橫掃你的小屋，
家具無一倖免，
仍不忘善待每一位賓客。
因為他有可能為你除舊布新，
帶來某些嶄新的喜悅。

不管來者是晦黯的念頭、羞赧還是怨懟，
都當站在迎賓入口，笑臉相迎，
邀請他們入內。

對任何來訪的賓客心存感激，
因為他們每一個皆為
上天派來的嚮導。

深入瞭解

你好，黑暗，我的老朋友，我又來和你聊天了。

Hello darkness my old friend, I've come to talk with you again.

——〈沉默之聲〉（The Sound of Silence），

賽門與葛芬柯（Simon & Garfunkel）

對很多人來說，生活中最大的恐懼之一就是未知，但許多人對自己的瞭解如此之少，這顯得有些不可思議。我們想知道別人在想什麼，我們以思辯和剖析他們的方式，想要藉此理解他們的行為，但我們卻不想探究我們自己的思維或是行為背後表示的意義。一旦我們認識到我們同樣具有一個陰暗自我，我們可以選擇去探究它，並開始去瞭解那些令我們感到不舒服的情緒背後是什麼。就像地窖在你打開燈的那一個瞬間就失去了它的詭異性，這同樣適用於我們的陰暗自我。它們和洞穴裡的巨魔不同，只要我們把陰暗自我從黑暗中帶出來，我們就能體會它們的目的何在。

一旦陰暗自我被帶了出來，其不利的影響就會消失。這很重要，因為如果我們不承認它們並掌握它們，它們就會掌控我們。如果繼續讓它們隱藏在檯面之下，不去解決它們帶來的問題，它們就會持續造成我們深層的痛苦，助長有害的惡習。它們是自我憎恨的來源。而透過重新認識我們的缺陷和我們的優點，我們就有機會掌控我們的力量。古希臘人十分明白這一點。他們將人類的情感化為他們的眾神和女神。要是忽視他們中的任何一個，無論他們代表的是所謂的光明還是黑暗的情感，都會給你帶來危險。

神話向我們展現了它的力量，稍有輕忽，它們都能使你的生活成為地獄。古希臘人明白，任何不被我們承認的內在部分都會起而與我們反抗。他們深刻瞭解人類的靈魂基本上是相互矛盾的。如同希臘的諸神一樣，我們也可以展現出美德或是惡毒。我們都有能力從一個極端走向另一個極端。

這就是為什麼我們喜歡電影中的反英雄，或者被反派的不可預測性所吸引。他們通常代表了我們無法進入的部分。我們大多數人在青少年時期都欽佩規則的破壞者，我們認為無論他們的叛逆是否有理都是很酷的，這是我們探索自己受到壓制而對此保持緘默的方式，也是我們自然發展的一個部分，因此重要的是，意識到我們並非在與我們的陰暗自我相抗衡；我們並不需要征服或消除內在的這個部分，而是需要理解和整合它，只有這樣我們才能感受到完整。

人類的經驗充滿了矛盾，它是由一個個矛盾衝突所組成的。我們喜歡把事情看成非此即彼。我們將一切事物化分為二元性。我們把想法分成好與壞、快樂與痛苦、光明與黑暗。這種想法表示我們可以接受的部分和一些我們無法接受的部分，它強調一件事有正確和錯誤正反兩面。這世上有好人，也有壞人。有恐怖分子或自由鬥士。我們的社會允許批判，而評判當然也帶來指責。我們被區分為「我們」和「他們」。總的來說，我們大多數人都希望被看作是一個做正確事情的好人，過著正向的生活，因此盡力壓制較為負面的情感。我們希望我們周圍的人看到我們好的一面，這些我們認為是自身優秀的特質。但我們必須明白，我們在外在世界看到的二元性實際上反映了我們的內心世界。

如果我們不理解什麼是惡，我們就無法欣賞善。正如榮格所說，「我們譴責他人並在他人身上發現惡的程度，其實與你在自身潛意識中發現的特質相同，或者至少是潛在的部分。」我們都有善良、體貼和關懷他人的潛在能力；我們也都有自私、冷漠、甚至殘酷的潛在能力。重點是我們必須看到陰影和陰暗自我並非更好自我的另一個反面。就像陰陽相互依存，合而為一，陰暗自我實際上是身為我的一個重要部分。

我們必須承認我們也都有能力做到我們所憎惡的暴力、戰爭和野蠻行為。當我們不再自責，對自己的缺點變得溫和一點時，我們就不再敏銳地意識到其他人的缺點並對其作出反應。批評也是如此。當我們能夠接受我們也有缺點，能夠與自身缺點共處或選擇做出改變的事實，我們對其他人和他們的缺點就會具有更多的同情心。

陰暗自我這個詞儘管新穎，但在每一個個人發展和轉化的藍圖中都能見到其影響力。每個走在靈性道路上的人或想成為心理治療師的人都必須面對他們的陰暗自我。它是瞭解自我的關鍵之一，是通向啟蒙之路的關鍵。

每個靈性大師都不得不面對他們的心魔。耶穌在曠野的四十個晝夜裡遇到了魔鬼；佛陀坐在菩提樹下時受到魔王波旬折磨。神聖的男人和女人、瑜伽士和薩滿巫士繼續把自己隔離在隱居地、山洞和雨林中，試圖與他們的魔鬼交朋友。瞭解你的陰暗自我是治癒和成為完整自我的一個重要部分。它帶來了解脫和持久的內心平靜。你不再被怪異的情緒波動和情感所蒙蔽，開始能夠看到感覺背後的東西。你接受我們的每一個方面，如同古希臘諸神一樣，都有被傾聽的需要，如果我們給它一個聲音，它就不太可能讓我們措手不及或傷害我們。

情緒就像是一個信差，它預示了潛藏的感覺需要我們的注意。它告訴我們，我們的某一部分遭到扼殺，需要得到解決。如果你有情緒的問題，容易為小事情發脾氣，這不過是意味著你遭到擊垮，無法應付急劇爆發的能量。你在那一刻遭到吞噬，所以它以憤怒、唾棄的批評、或是以淚水宣洩的形式出現。我們用言語或者還有更糟糕的是用身體來攻擊，以逃避和卸載我們所感受到的痛苦。觀察一個剛學會走路的孩子，當他們遭遇挫折時會出現的可能情況。

幼兒處理情緒的機制很簡單，基本上就是徹底崩潰。他們能夠恢復平衡和釋放多餘能量的唯一方法是發頓脾氣或是表現得歇斯底里。情緒一旦宣洩完，他們就可以回去繼續玩。但是在短短幾年之間，幼兒隨著逐漸長大開始學會了第三種選擇，即我們根本不必處理我們的感受，我們開始儲存我們無法應對的一切，於是陰暗自我便是在此時誕生。

當我們開始正確解讀我們內在發出的訊號時，我們就會意識到，我們的情緒只是在給我們一個提醒，一個友好的表示。

看待世界的方式

愛你的敵人，因為他們告訴你的缺點何在。

Love your enemies, for they tell you your faults.

——班傑明．富蘭克林（Benjamin Franklin）

一個旅者正打算從一個村落往下一個村子前去，他見到一個和尚坐在路邊樹下，便停下來與他聊天。

「我正要去前面的村子，你知道那是一個什麼樣的村子嗎？」和尚抬頭看了看這名旅者，問道：「你從哪裡來？」

「旅者說，」我剛從山那邊的小村莊過來。

「那麼，你覺得那個小村莊如何？」和尚問道。

「那地方真是糟糕，」旅者歎息道。「我本來想多待上幾天，但說實話，我不喜歡那個村子。村民們總是十分冷漠、不願意守望相助而且粗魯，我簡直迫不及待想要離開。」

「嗯，你會發現前面的村莊也差不多，」和尚回答。

過了一會兒，另一個旅行者也遇到了仍坐在路邊樹下的老和尚。旅者看到和尚後，停下來問道：「對不起，你能告訴我前面是什麼樣的村莊嗎？」

和尚看著旅者，問道：「你從哪裡來？」

「我不久前在山頭另一邊的村莊待了幾天。」

「那麼，你覺得那個村莊如何？」和尚問道。

「我喜歡那個村莊，」旅者回答說。「村莊很不錯，人們都很好，他們真的讓我有家的感覺。」

「嗯，你會發現前面的村莊也差不多，」和尚回答說。

我們看待這個世界的方式，不過是我們內心世界的反映。這種方式的好處是我們可以像鏡子一樣利用我們周圍的世界，看到我們內心不為我們所知的部分。特別是涉及到我們的陰暗自我時尤其如此，因為它不僅深埋在我們潛意識深處，而且如果它的存在感受到任何威脅，它的防禦牆就會出現。如果有人說我們在投射自己的負面特徵，我們會把手放在我們胸前，斷然否認它的存在。

我們都將自己的陰暗自我投射到我們周圍的每個人身上：朋友、家人、同事、社區裡的人和公眾眼中的人。請放心，當你在內心評判另一個人是個惡毒、嫉妒、自私、可憐和愚蠢的人時，這是你的陰暗自我在起作用。這就是問題所在。事實再簡單不過，如果他人身上的東西不存在於我們身上，我們也就不可能因此受到刺激。我們在另一個人身上看到的每項特質，也都存在於我們身上。當然，我們可以從智力上理解大量的人格特徵，其中許多可能在我們身上並不會被看見，但我們極為不可能會被一個我們沒有經驗過的特質所觸發。所以，儘管你可能不會以同樣的方式擁有這種特質，但如果你因此產生生理反應，就把它作為一個暗示，說明是時候做一些清理的工作。

無論你爭辯的立場是什麼，「我不是卑鄙、騙子、刻薄、惡毒、攻擊性、貪婪、無情的人」或者「我明明就不是有才華、美麗、酷炫、受歡迎的、特別的人。」如果這些特質之一在你身上引發了反應，這裡有一個令人不得不承認的觀察：當你用手指指著別人時，有三個手指反過來指著你。

你對別人身上某個特定特徵的厭惡程度，只是突顯你對自己身上同一個特徵的排斥程度。我們會被那些我們不承認自己身上也帶有同樣特質的人所刺激。我們不喜歡這個特質，我們會被激怒。我們在別人身上產生的鄙視或喜愛，不過是反映我們自身的特質。當你看到別人敢於自私、貪婪、憂鬱或是任何你無法與之和平共處的特徵時，你會陷入掙扎，而做出批評。但是，如果你的本質上帶了點貪婪，而且你知道這一點，並不再為此自責，那麼當你看到別人的貪婪時，你就不會感到困擾。這不是寬恕或是不寬恕的問題，只是你不再為此感到不安。但是，如果你的貪婪是一種被你壓抑的情緒，無論你已經決定或被告知這是一件壞事，當你在別人身上看到它時，你肯定會有所反應。下面是一個很好的練習，可以捕捉到其中的一些特徵。

如何停止你的投射

想一想，在你的日常生活中，有誰總令你感到非常惱火；每回總是讓你氣得牙癢。你第一個想到的人是誰？花點時間想一想，是什麼讓他們成為你忍不住要批評，或是刻意避開的人。哪些特點最令你心煩意亂？這個人是否窮困、愚鈍、脾氣暴躁、刻薄、自以為是、愛說閒話、無所不知、好勝或控制欲強？你毋須猜測；如果你選對了人，將會有不止一件事讓你抓狂。對於那些我們厭惡的特徵，我們的身體就像受到電擊一樣。是的，不管是什麼原因讓他們令我們難以忍受，都是在我們身上受到壓抑的性格特徵的投射，他們就隱藏在你的陰暗自我裡，等待著被你找出和傾聽。

但正如我們可以投射我們的陰影一樣，我們也可以投射我們的光。同樣，當你發現自己指著某人，認為他是一個鼓舞人心、美好、善良、富有同情心的人時，有三根手指在回指著你。你在那個人身上看到的是你自己隱藏的光。我們只能在別人身上看到我們自己內心的東西。想一想你所崇拜的人，也許是你對其懷有敬畏之心。在這個人身上，你最欣賞的主要特質或優點是什麼？也許是他們的勇氣、他們的信念、他們的魅力、他們的智慧、他們的創造力、他們的才華。你最欽佩的特質是什麼？尋找你在生活中如何展現同樣的特質。

如果你在做這兩個練習時有困難，你可以和朋友一起做，或者，如果你真的很有勇氣、很有毅力或者很瘋狂，也可以和你的家人一起做，他們絕對會命中你的問題所在。

當你找到一個你可以擁有的特質或是優點時，學著與它相處。這不是一個責備自己的藉口，所以儘量不要對此加以批評。你可以開始回溯你的生活，看看它來自哪裡，以及你何時開始摒棄它。你的憤怒可能來自於幼年時期因為受到了壓抑。要知道它是否已經起作用或正在起作用，在於下一次的觸發點，要麼已經完全消失，要麼已經減少許多。

成為自己的巫士

沒有什麼比我們的秘密更讓我們感到孤獨。

Nothing makes us so lonely as our secrets.

——保羅・圖尼埃（Paul Tournier）

我們所有人身上都擁有一個強大的巫師——惡意的眼神，或者由嫉妒引發、故意讓別人產生懷疑的惡意的小批評。我們都能做到，但比起巫醫施展的任何黑魔法更有效的則是我們對自己施展的魔法。一切陰暗自我的構成，在於我們內在隱藏的不被找到的秘密。

陰暗自我既是我們內在那個自大渾蛋的家，也是內疚、羞恥和我們內心恐懼的滋生地。陰暗自我提供的陰暗面，比如內疚和羞恥，卻也是施展自我魔法、療癒自我的終極武器。

每一個陰暗面都具有特殊、容易辨認的身體反應：恐懼的冷汗喚醒了身體，如同一道尖銳的電擊貫穿大腦；內疚的沉重負擔，感覺就像是全世界的重量都壓在肩頭上；羞恥的孤立感傳遍全身。

未解決的內疚和羞恥感是陰暗自我的兩種最強烈形式。它們無所不用其極，就像一場緩慢的折磨，由內而外地侵蝕我們。當我們做了或相信自己做了壞事時，由此產生的內疚感就端坐在我們的良心之上。羞愧感則是因為我們犯下自認為一些根本、深刻的錯誤，而認為自己是個壞人，不值得被愛。

這兩種情緒都是殘缺的，它們助長了自我憎恨和「不如他人」和「不值得被愛」的感覺。當它們被允許失去控制之後，便失去了道德的指引，更像是一個壞球，抹殺我們的世界，使我們遠離任何與他人的連結，包括我們摯愛的人。

讓自我憎恨的情緒發酵沒有任何意義。這可能源自「時間」造成的傷害而非療癒的少數情況之一。對許多人來說，一個直接而有效的治療方法是透過談話。天主教教會並不是唯一提倡懺悔的地方；許多傳統，從藏傳佛教到現代心理治療，都瞭解談話的力量。「羞恥」，就其本身而言，無法在眾目睽睽之下生存；它取決於你把它視為一個黑暗的秘密。

按下暫停鍵

在刺激和回應之間擁有一個空間。在這個空間裡，我們有能力選擇做出什麼回應。在我們的回應之中，將會有我們的成長和自由。

Between the stimulus and the response there is a space. In that space is our power to choose our response. In our response lies our growth and our freedom.

——維克多．弗蘭克爾（Viktor Frankl）

我們不讓諸如羞愧或內疚感這些負面情緒來孤立我們，而必須積極地與它們建立距離；按下內部對話的暫停按鈕。如同你暫停播放一首歌或一個電視節目，你可以暫停你的想法。

我們常因為想法已經成為既定的習慣，幾乎有一半時間我們甚至沒有注意到我們的負面想法正在我們的背後默默進行。

當我們按下暫停鍵，遠離噪音，探究我們內在的反應時，我們可以重新開始取得控制權。正如愛蓮娜・羅斯福（Eleanor Roosevelt）所說，「沒有人可以在未經你同意的情況下讓你感到自卑。」這句話也包括我們在內。當我們被自己究竟是誰或者被我們犯下過錯的恥辱所吞噬時，暫停鍵或許可以給我們足夠的時間來記起我們不必成為自己想法的奴隸。我們可以自己做出選擇。

然而，如果我們不先學會接受自己，就算別人接受我們恐怕也沒有多大的意義。我喜歡做的冥想是佛教禪修關於「慈」（maitri）的修行。慈，也被稱為metta，是「四梵住」中的第一個，它描述了愛的四種心靈境界。Maitri是梵語，譯為「慈愛」，但要真正能夠感受到它，我們首先需要與自己建立無條件的友誼。正如藏傳佛教老師佩瑪・丘卓（Pema Chödrön）所解釋，慈是能夠與你自己一起放鬆，能夠與自己的心靈和身體一起感到自在。它是慈悲心的基礎，是一種幸福感，是為活著而感到喜悅。一般說來是從你對自己的愛和善意開始，然後再把它擴及到家庭、朋友和世界上的每一個人，包括所有的有情眾生。這就像飛機上的逃生步驟，在你幫助他人之前，你得先戴上自己的氧氣面罩。你可以在網路上找到佩瑪・丘卓老師關於慈這方面冥想的親身實例版本。

與我們自己建立友誼，不必來自外部世界。它必須從我們自身開始。我們知道我們的朋友和家人或許深愛著我們，但如果我們不能學會善待自己，我們就無法觸及我們的內心。然而，儘管我們內心都有顆愛的種子，但如果你在自我憎惡之中掙扎，要想喚起對自己的愛就真的很困難。因此，我將改變做為傳統冥想前奏的指導順序——請見下文。

請記住，它被稱為冥想「練習」而不是「如何初次嘗試冥想就成功」或是「冥想訣竅」是有原因的。如果你想跑馬拉松，你需要練習，冥想也不例外。就像跑步（據說）每天跑步的狀態都有所不同，冥想練習也是如此。

愛與慈愛的靜觀

請閱讀以下內容，然後嘗試一遍。沒有固定的規則——請帶著愉快的心情，你將因此獲得幫助。

- 坐在冥想靜觀墊上，椅子或沙發上。如果可以的話，請坐直，但要舒適，不要誇張地強行挺直背部。如果你正確地坐在你的坐骨上，脊髓會自然地支撐身體，不需要依靠任何肌肉。閉上眼睛，感覺到有一種溫暖的微笑沖刷著你。
- 把你的意識帶到你的呼吸，讓你的身體呼吸。在這一刻，除了享受像在大海中的衝浪者一樣駕馭每一次呼吸之外，什麼都不做。讓眼神變得柔和，感受你眼中的微笑，你的嘴角和你的心。
- 現在，妳在腦海中，看到面前出現某樣東西或某個人，你無條件地、全心全意地、用你的生命去愛他。這是穩定你的圖像——它可以是一隻寵物、一個人，甚至是年輕天真的你。讓它成為你深愛的東西或人，只要看著他們，想像他們在你面前，你的心和身體就充滿了愛。

・隨著愛的建立，開始把它擴展到其他親人身上。將你的愛繼續向外擴展；包括那些你不認識的人，你可以將耶穌、穆罕默德和佛陀這樣的靈性導師包括進來。繼續將你的愛擴展到所有的有情眾生——擴展到每個人。

・現在讓這個擴展到他人的愛也把你包括進來。敞開心扉，滿溢著愛的眼睛，善良的心靈。感受你給予他人的療癒之愛也在你身上流淌。當你想像你正在向每個人和每件事物發送無條件的愛時，留意在他們的眼中，你給予他們的愛也正流向你。

・如果你覺得難以想像，只需想到你所愛的人，然後把它延伸出去，在心中重複「願你充滿愛」。把它擴展到你認識的每一個人，然後擴展到所有的有情眾生，然後聽到他們向你重複這句話。如果你很難接受來自他人或你自己的愛，只要把這點放在心上就行。這是一種練習，就像跑步一樣，你做得越熟練，就會變得越容易。

能量曼陀羅

生命之奧祕不具任何意義，除非你親自挖掘它。

The secret to life is meaningless unless you discover it yourself.

——威廉．薩默塞特．毛姆（W. Somerset Maugham）

能量曼陀羅在歷史上以各種不同的形式用來改變能量。西藏僧侶利用精細的曼陀羅沙畫傳達聚精會神時的平靜，並淨化能量。北美的原住民薩滿創造了獨特的沙畫，讓接受療癒的人可以躺在上面。這種特殊的能量曼陀羅是一種古老的薩滿教儀式，我經常求助於它。儘管談話在治療上是一個強大的工具，但有些時候你會覺得自己已經說得夠多，或者覺得自己陷入一個迴圈，或覺得沒有任何語言可以準確描述你的感受，即使可以做到，也無法幫助你轉移這些能量。

我們陷入一遍又一遍地講述同樣的故事，把它們打磨成藝術作品，而不是找到一種方法讓故事消失。能量曼陀羅的創造是一個流動的過程，一種轉化的行為，也是一種冥想，一個不受時間束縛的強大時刻，進入一個超越文字、超越智力的深刻部分。能量曼陀羅帶領我們釋放使我們陷入陰暗自我的能量。這幅象徵性的繪畫，最好使用自然界的素材，但沒有硬性的規定，所以如果你在家裡，也可以使用家裡的物品。它在轉化你個人生活中遭遇到的某些情況或深層精神創傷，在能量方面具有特別的力量。不管怎麼說，這些素材都是為治療而製作成的。當有人第一次向我解釋如何製作能量曼陀羅時，我有些不以為然。我還記得當時的我認為這一切聽起來有點像藝術手作品。只有當我被說服自己去做一個，而不只是從知識上理解它的好處時，我才見識到能量曼陀羅的強大力量。就像所有薩滿教儀式一樣，理解只來自於經驗。

能量曼陀羅是一種象徵性的繪畫，它表達了你想要處理的感覺或情緒背後的能量。這些象徵性的繪畫幫助你跳脫你的想法，停頓下來，與你的情緒一起共處，而非理智地尋求解決它的辦法。因為更多的時候，理智地理解我們為什麼會出現這種情緒，實際上並不能幫助我們停止這種感覺。恐懼、感覺和情緒並不總是有辦法理解。你必須帶給自己更深層次的一面，它存在於你的智力理解之外，更像是一種聲音。能量曼陀羅是一種可以轉化圍繞在某些處境或圍繞著某個人的感覺能量的有效方式——你胸口的壓力、你腹部的空虛感或是你喉嚨周圍的緊縮感，彷彿你的聲音受到壓抑。我喜歡能量曼陀羅的原因是它們能夠幫助我解決並找到平靜而不需要語言的方式，就像是一種神奇的魔法。

在你開始之前，藉由你的意念替曼陀羅設定一個方向，幫助你與圍繞著某種感覺、某種處境或某種關係的能量和平相處。利用一切構成陰暗自我的能量優勢，沒有必要把它帶往智力層面用思想來表達，這種轉化也可以在能量層面發生。專注於發自內心深處的感覺，你在身體裡實際感受到的能量。你的身體裡出現了什麼樣的反應？它是否像電擊一樣，在你的胃裡有一股噁心的感覺，或在你的胸口有一種沉重的負擔？你是否感覺到它穿透你的血管，使你蒙蔽或使你感到不踏實？在這裡你的語言是能量而不是詩意的文字，所以你不需要擔心自己要如何向他人描述。這對你來說是獨特且關乎個人的。

如果可以的話，你可以在室外進行能量曼陀羅。你不是絕對必須這麼做，但讓大自然的能量也參與進來是一件很美妙的事情。我的建議是給自己留出大量時間和隱私。你或許覺得不需要，但這是為你準備的，為何要急於求成？以下內容只是作為一個指導原則。沒有絕對的方法，避免質疑自己。運用你的想像力，發揮創造力。遵循你的直覺。

創造一個能量曼陀羅

在開始你的能量曼陀羅之前，先從大自然中蒐集素材，最好是從地上收集——樹葉、花瓣、石頭、碎片，任何你喜歡或是認為合適的素材。利用一些樹枝擺出一個圓形框架。如果你是在室內製作你的曼陀羅，你可以使用家裡的小物件，只要感覺合適就可以。你也可以描畫出框架，或者你也可以把大自然的素材帶進室內。

利用你所收集的一切，製作一幅抽象的圖畫，描繪出圍繞你正在處理的情緒方面的感受。例如，如果你想與羞恥感和平相處，首先允許自己感受到它的存在，讓它浮現出來。現在，彷彿語言並不存在，你如何像個藝術家一樣，在曼陀羅中表現出這種感覺？把你的素材放進你的圓圈內，根據內在的想法排列出你要的圖案。不要去想它；只需讓你的潛意識引導你挑選素材，以及你如何安排和重新安排你的素材。

當你感覺對了，與它一塊坐著。這是你對自身情感傷口的能量描繪。當你準備好時，試著問自己：我需要對這幅畫做什麼來改變能量，轉化它，治癒傷口，並找到平靜？開始移動圓形框架裡的素材；你或許得剔除一些和添加新的素材。再次，跟隨你的直覺。你可以將曼陀羅保留幾天，如此一來你便能夠不斷進行一些加減素材的步驟。當你在戶外從事曼陀羅的時候，大自然很可能決定加入。如果此時起風了，把你的曼陀羅的一部分吹到周圍或吹散，你應該感到高興。你正在得到大自然的幫助。當你感到能量曼陀羅完成時，讓曼陀羅對你說話，留意此刻湧現你內在的情緒和想法。一旦你覺得你已經完成了，便把能量曼陀羅拆掉，把素材放回到大自然中。

步驟三——伴隨你的節奏

你是否記得自己的真實身份？

智慧告訴我，我什麼都不是。愛告訴我，我是一切。而在這兩者之間，我的生命在流動。

Wisdom tells me I am nothing. Love tells me I am everything. And between the two my life flows.

——尼薩加達塔．馬哈拉吉（Nisargadatta Maharaj）

這一步要喚醒我們內在的一切行為模式，這些行為模式是扼殺而非增強我們的獨特性；外在的表現使我們脫離了真實的自我，以便我們能被接受、被認可，並使我們無法發展和擁抱我們的獨特性。我們所有人都想融入某個地方。這是我在前面提到的部落本能，而做到這一點的最好方法是確保人們喜歡我們。這意味著有時我們得隨波逐流，即使我們不願意，卻只是為了保持和平和融入體制。我們不想成為那個搖擺不定的人，以防我們被驅趕出體制。問題是，你打算做到什麼程度？

彈性變通是一種寶貴的技能，能夠適應和跟隨別人步調是很有趣的。它既給了我們選擇，也讓我們瞭解其他不同的生活方式。然而，當我們不斷地追隨他人的腳步時，我們不知不覺便會失去自己的步調。維持我們的步調至關重要，當我們偏離自己的道路太遠時，我們總能找到回家的路。

我們之所以忽視自己的需要，是因為我們更希望得到別人的愛和接受，而我們往往認為別人更瞭解自己。我們盡最大努力扼殺內在日益增長的怨念，儘管它所做的只是試圖向我們暗示我們需要重整自我和重新定位。它是我們自己的紅色警戒，表明了我們很可能因此喪失對我們來說真實的東西。簡言之，只要我們在其中保有我們是誰的意識，跟隨他人步調有時並沒有錯。

我們很容易發現自己在毫無質疑的情況下順著一個集體的意識去走。廣告公司便是賴此生存，我們大多數人都擁有一個裝滿了從未使用過的小玩意的抽屜來證明這一點。他們告訴我們應該擁有什麼樣的夢想，什麼才會讓我們快樂和滿足。但是你有沒有停下來質疑過，你所擁有關於什麼才是完美生活的理想，是否就是你的理想？你是否有意識地選擇了你的夢想，還是繼承了他人的夢想或採用了當時的流行觀念？我們越是指望外在世界來告訴我們真正讓我們快樂的原因是什麼，我們實際上是在無視於我們自己對生活的看法，不想成為與這個社會格格不入的人。這阻止了我們對自己獨特性的挖掘。

發展我們的靈性智慧並非意味我們需要全面改變我們的生活方式，成為羊群中的獨行俠，採取「不走尋常路」的做法。這絕對不是要剝奪你在生活中的樂趣，而是與更加瞭解你自己有關，並注意到你是如何迷失自我，斷了連結，或是自我毀滅。意識給了我們選擇，它把我們該如何去生活的責任牢牢掌握在我們手中。瞭解我們在一連串的行為之下，我們自己究竟是誰，給了我們一個強而有力的基礎，使我們能夠在被生活擊倒時站穩腳步，並迅速重新站起。

關於你的問題

這裡有一些問題需要仔細思考。你可能會立即想到一個答案，但如果沒有，也不用擔心。重點在於它所開啟的問題和所引導的方向。也許你可以把書放下，讓自己思考片刻。這是一個專注於自己的時刻，就像你看待他人一樣。

‧在你眼中，是什麼讓你與眾不同？你有何怪癖，使你成為你？
‧別人在你身上看到你的特點是什麼？他們如何描述你？

變臉

可以請真正的大痞子站起來嗎？

Will the real Slim Shady please stand up?

——〈大痞子〉，阿姆（Eminem）

小說家馬奎茲曾說道，「人類都擁有公開、私人與不為人知的三種生活。」

而如果我們的「故事」是我們私人生活的寫照，我們的「陰暗自我」則是我們不為人知的秘密的庇護所，那麼我們公開表演的便是我們演出的「角色」。角色是我們為了生存和發展想出來的點子。它是我們培養出來的一個形象，是我們希望外在世界看待我們的方式。它是我們的個人行銷機器，在這裡我們可以練習我們想要呈現的姿勢，確保世界能夠捕捉到我們最好的角度。早在幾個世紀前，「角色」一詞在拉丁語指的是演員在舞臺上所戴的不同戲劇面具的名稱。今天在心理學中，藉由卡爾・榮格提出的相似的理論，它被用來解釋我們所有人的公眾形象。在許多方面，當我們在生活中扮演自身的角色時，實際上與古代的面具演員並沒有太大的區別。我們為不同的人戴上不同的面具，很少有人（如果有的話），能看到面具背後「真正的你」。威廉・莎士比亞曾說：「全世界就像是一個舞臺，眾生男女不過是舞臺上的演員。」凡爾賽宮的「宮廷」禮儀便是誇張人格的一個典型例子。想想《危險關係》（*Les Liaisons Dangereuses*）中人物的雙面人格。

就像所有事情一樣，有些人比其他人更優雅地戴著他們的面具。有些人就像變色龍一樣，可以不費吹灰之力地轉換。他們的面孔精緻而完美，很難知道他們是否真的戴著面具。然後是那些躲在正式和一板一眼的雙面面具背後的人，他們就像一本闔上的書，很難讓人看穿面具的背後，如果面具背後真有這麼一個人。還有一些人戴著不合適的面具，以至於他們的面具無法掩蓋他們的真實感受，使得每個人都能同時看到兩張臉。

我們在幼年時期便學會了面具的價值以及如何使用它們。它們幫助我們融入社會，但更重要的是，面具幫助我們不受到恐懼、感受和脆弱自我的影響。試想，我們在幼年時期習得的社會教育教會我們如何隱藏我們的真實感受。我們學會如何戴上勇敢的面具，擠出僵硬的笑容，裝出不在乎的模樣，並在內心可能崩潰的時候微笑。簡言之，學習如何向世界撒謊是我們所有早期生活教育的一部分，我們假裝是一回事，但實際上卻是另外一回事。

在學校裡，聰明的人很快就會發現面具的好處。他們外在顯得強悍，從而保住他們的午餐費。有的成為班上的開心果以融入環境，或者成為與所有人都能融洽相處的好手。我們採用一個我們認為會給我們帶來愛與接受，一個說服全世界我們一點都不在乎，要其他人把注意力從我們身上移開的角色。我們成為喜劇演員、散發魅力、充滿自信，成為「學校的風雲人物」，安靜、時尚、叛逆、機智、難纏、混蛋或是一個惡霸。幼年時期的我們為了打進我們選擇的小團體，或在我們長大後進入的俱樂部，我們會展現特定的行為。就像舞臺上的演員一樣，我們使用一些道具來推銷我們的角色，從合適的教練、髮型或衣服，到作為一個成年人，我們選擇居住的房子類型、我們駕駛的汽車或我們度假的地點。我們知道我們所做的一切都反映了我們自己，而且我們可以相對應地加以操控。

我們的人格部分取決於社會的要求以及我們對彼此行為的期望。有些時候，我們都必須壓抑自己的內在感覺，做出與之相反的反應。例如，當你還是個孩子的時候，與一個成年人進行禮貌的交談，假裝你很感興趣，而實際上你內心想去別的地方（事實上，這一點也向來從未改變）。當然，這不過是社交智慧，我們需要在不同的情況下有不同的表現，藉由不同的角色才能做到這一點。

面具本無好壞之分，但能夠將我們的面具與面具背後的「我們」區分開來，這對我們的內在幸福來說十分重要。因為當我們與面具背後的「我們」失去連結時，也等同與我們的核心自我意識失去連結，而當我們與自我意識失去連結，會使我們感到迷失和空虛；如同一個閃著光芒的立體投影，尋找其存在感。

當我們變得比起面對自己的感受更關心別人怎麼看我們或是對我們有何想法時，這麼一來我們基本上就把自己的幸福和內在感受交在別人的手中。而我們害怕做自己或說出自己的真實感受，不過只是時間問題，遲早會發生。簡而言之，我們所戴的面具並沒有壞處，除非它們摘不掉，或者這張面具變得比面具背後的人更強悍。

一位享譽世界的知名名人在鏡頭前和在家裡與家人和朋友一起聚會時，顯然會有不同的表現。他們精心打造了一個品牌銷售，因此需要維持一個形象。如果他們對於成名的壓力毫無準備，那麼公眾給予他們的名人光環就會迅速變成囚禁的監獄，改變他們的生活方式。令人陶醉的明星光環變成了一場噩夢，因為他們發現自己感覺在向下墜落，在太空中搖擺，受到孤立，迷失，脫離了任何現實感。我們一次又一次地看到他們在大眾面前崩潰，因為他們正在努力面對夢想生活帶來意想不到的精神折磨，他們試圖記住他們真正是誰，想從他們受到控制的形象下重新找回自己。拜社交媒體之賜，這個問題不再是演藝界人士的專利，從在自家臥室裡成名的網紅，還有在Instagram上發文的中年婦女，都因此受到名氣帶來的影響。現在，大量的人氣和知名度不需要離開家也能夠得到，隨之而來也帶來了問題。由於為了維持受歡迎程度而對角色進行了雕琢，把重點放在我們認為應該如何表現自己，並在試著猜想其他人想法的方向上。

社交媒體的某些影響放大了我們為了公眾形象而遺忘了自我。它突出了我們的不安全感，以及在內心深處使我們覺得沒有面具的自己不過是個無名小卒的感覺。儘管我們的角色或許讓我們看起來十分風光，但就像美麗的玫瑰花沒有了莖和根就不能生存，我們也是一樣。成為名人的快感讓人上癮，可是隨之而來尋找新方法來維持我們的知名度和創造銷售性，卻成為我們內在焦慮和抑鬱的燃料。

但我們毋需害怕失去我們的明星地位。如果我們擁有強大的信念，有來自如同戒毒治療的強烈自我意識和覺知，我們就擁有在我們失去立足點的時候可以依靠的一切所需的根基。

審視自己的面具收藏

我們很難看到自己的面具，不僅是因為它們很少如你在里約狂歡節上看到的面具般，以帶著異國羽毛的形式出現，加上我們戴著這頂面具也使我們無法正視面具。一個找出你戴的是什麼樣面具的簡單方法是，看看你在不同情況下的行為有何不同。花點時間想一想，你的行為展現的方式是為了讓人喜歡，為了與人相處，包括你的朋友和家人在內。你總是處處跟人打交道嗎？你有多少次發現自己在勉為其難，一次又一次在做你並不特別想做的事情？是什麼阻止了你直接說不？

當你進行一天的工作時，開始留意自己何時表現得不自然或不誠實。哪個人令你真正感到自在？那些人令你可以完全放鬆，不在意任何批評，做你自己？

回憶在你生命中的哪一個時期，你在這段時間裡感受不到批評的聲浪，可以放鬆地做你自己。閉上眼睛，回憶一下當時的感覺，好像你此刻就在那裡。留意當你出現這種感覺時，你的身體做何反應；並留意你的內在發生了什麼樣的變化。你感到內在忙碌或是平靜？留意你思考的速度，或者它們消失了？你覺得自己是陷入了過去或是未來，還是感覺到了現在？花點時間來享受這種感覺，讓它沖刷你身體的每一個細胞，這樣你就能記住它，並在你希望的時候，再度回到這樣的感覺。

完美的缺陷

別始終訂下不負眾望的標準——如果有必要，不妨降低標準。

Always live up to your standards – by lowering them, if necessary.

——米尼翁．麥克勞克林（Mignon McLaughlin）

我們生活在一個事事講究完美的時代。任何不完美的東西都可以立即被抹去。如同一個造型藝術家，我們修剪和潤飾以達到完美。我們試圖藉由編修和塗抹，利用其它塗抹過的圖像描繪出我們在生活中同樣也是一個贏家。這是一個普遍存在的謊言，我們都參與其中，然而我們不能不繼續將我們的生活與其他的捏造事實進行比較，然後，絲毫不足為奇的找到我們所要追求的。完美是一個我們認為在此境界最終將能夠停止努力，放鬆並享受生活所提供一切的目的地。但無論何時當我們認為我們最終取得完美，我們便瞭解它就像沙漠中的海市蜃樓一樣，是一種反復無常的幻覺。完美不過是一個令人不滿意的抽象概念，完全是主觀的。我們用著不同的方式衡量它——完美的伴侶、完美的外表、完美的假期、完美的生活。

追求完美與追求卓越是截然不同的。完美有其限度，它不留任何錯誤的餘地，而卓越是無限的，它往往是在我們的錯誤中成長。在道家中，完美被認為近乎死亡，因為根據定義，它是一個已經實現的目標，工作完成，結束。沒有更多的成長，不再有任何動作，所以也沒有生命。這確實是個值得思考的問題！

在內心深處，我們都知道實際上沒有完美這回事，但我們需要將它視為一個無法實現的理想，我們可以為之奮鬥，儘管總是遙不可及，就像是驢子前面掛著的胡蘿蔔。完美滿足了我們貪得無厭的胃口，它讓我們對事物的現狀或我們的方式永遠不會感到滿意。完美是一種信念，即我們不應該安於現狀，或許在拐角處會有更好的事情發生，我們永遠都達不到完美，我們總是可以做得更好，不論是在身體、精神或是心靈方面。完美是一個高標準，一個當你達到目標時，你將獲得更好一切的承諾。

我們建立了一份「應該去做」的清單，一份我們認為如果我們想成為一個更好、更快樂、更完美的人需要去做的清單：我們希望變得更健康，吃得更健康，每天練習瑜伽，每天冥想兩次。而不出一個月，這份為了幸福而「應該去做」的清單便被埋沒在剛送來的一箱美酒之中，失敗感因此油然而生。呃，我們還把這份清單投射到其他人身上，不僅僅是那些受人矚目的人，還有我們的夥伴，有時甚至是我們的孩子。當他們沒有按照我們認為「應該去做」的方式去做，或者沒有達到我們對他們的期望，並且證明他們自己和我們一樣不完美時，我們不免感到失望和幻滅。

這不是放棄你的目標的問題，而是你要明白達到目標並不意味著你的整個生活會如同神燈精靈實現你的願望一般，讓你的生活突然間出現改變。減去五公斤體重或許會改變你的外表，但你的問題不一定會解決，你仍然是你。暫停一下，問問自己，你所爭取的目標到底是什麼，當你實現這些目標時，你希望會發生什麼事。

諷刺的是，表面上看起來要求其人民完美的日本文化，實際上是兩種崇尚不完美藝術形式的誕生地。侘寂（Wabi-sabi，注：以接受不完美為核心的日式美學。）是一種從禪宗發展而來的古老哲學，它擁抱的美不僅不完美，也不完整。它允許一切如其所是，每個人都依照他原來的樣子。完美是因為有缺陷，而不是輕視它們的缺陷。就像在自然界中，我們接受萬事萬物處於變動的過程之中，我們可以在四季中看到美，生命的每個階段都是完美的，不需要被改變。它是不斷試圖改善一切事物壓力的一個完美的或說是遺憾的解藥。它擁抱事物的自然特徵、未完成的事物、時間的刻痕、刻在臉上的皺紋。金繕（Kintsugi，注：是一種工藝用漆，為日本傳統陶器的修繕技藝）則是另一種對於不完美的日本藝術形式的讚美。破碎的陶器被重新黏補起來，但不是試圖掩蓋破損使連接處不可見，而是用液體黃金連接起來，讓你注意到破損的地方。這是一種讚美獨特缺陷和擁抱不完美的藝術作品。

我們對完美的想法一直控制著我們，因為我們從來沒有真正地好好審視它們，或者質疑我們在談論某件事情「完美」時的實際含義。更不用說你如何能確定你的完美想法是完美的這一個問題。

一個負責管理禪寺小花園的年輕和尚被他的住持告知，當天下午有幾個重要的客人要來。這位年輕的和尚為這個花園感到驕傲，想確保它以最好的面貌迎接客人，所以他立即著手使它變得完美。他不厭其煩地拔掉所有的雜草，修剪任何不整齊的樹枝，修剪所有的灌木，梳理苔蘚。當他一絲不苟地耙著秋天的落葉，並把它們收集起來時，他注意到一位老禪師坐在寺廟裡仔細地看著他。經過幾個小時的辛勤工作，花園看起來很整潔；這的確是一項愛心勞動。

年輕和尚望向老禪師，帶著一種自豪感喊道：「您覺得怎麼樣，花園現在看起來很完美，可不是？」

「嗯，」老禪師一邊回答，一邊看著年輕和尚的作品，「但有一點不太恰當，不大對勁，讓我來幫你。」

老禪師站起身來，慢慢地走到花園中間的那棵樹下。他看了一會兒花園，然後抓住下面的樹枝，用著與他年齡不符的力量搖晃著樹，以至於樹上所有斑斕色彩的樹葉開始灑落在花園裡。

「現在這裡又恢復完美了！」大師對年輕和尚笑了笑之後，便緩慢地步行離開。

跟隨自己的節奏

大多數人都是他者。他們的想法是別人的意見，他們的生活是一種模仿，他們的激情不過是引用他人的話。

Most people are other people. Their thoughts are someone else's opinions, their lives a mimicry, their passions a quotation.

——奧斯卡．王爾德（Oscar Wilde）

我還記得幼年時期，我的哥哥說什麼我就模仿他說什麼。基本上我在盡我所能成為他的樣版。我幾乎事事都模仿他。如果他喜歡巧克力，我也跟著喜歡巧克力。如果他不喜歡巧克力，那麼我也（勉為其難地）不喜歡巧克力，如果他（比我早）在下一秒改變了主意，我也跟著改變主意，而且努力使這件事看起來很自然，不過是我們出於同樣默契的一個巧合而已。不可避免地在「停止模仿我」的抗議聲出現之後，我會表明我的清白，爭論隨之而來，然後眼淚便跟著撲簌流下。這或許與很多人的童年遭遇並無二致；世界各地年長的兄姐們被一心想要模仿他們個性的弟妹們弄得萬分沮喪和憤怒。

追隨別人的腳步當然可以為我們的世界打開全新的視野，但它同樣也會阻斷我們發出自己的聲音。值得注意的是，基督不是基督徒，佛陀也不是佛教徒。榮格甚至感歎：「感謝上帝，我是榮格，而不是榮格大師。」他們的共同點是，他們都用自己的生活經歷闖出了自己的道路。當我們試圖沿著他人的道路行走時，我們總是會略微失去平衡，這有點像在沙灘上試圖踩踏在別人的腳印上。它之所以棘手，是因為我們在按照別人的自然節奏前進，無論它有多麼了不起，它都不是我們的節奏。我們總會感到有點不舒服和尷尬，因為我們不僅要檢查我們是否按照書上的要求都做對了，而且還要不斷嘗試搶先他人一步。並非所有的人都想開闢自己的道路，你或許會說，如果他人已經替我們開疆闢地出一條完美的道路，何苦要另闢戰場呢。這麼說沒有錯。然而，當我們只是跟隨別人去做或是去說的時候，我們並沒有從自己的內在得出答案。這有點像在車上當你是乘客時；你不需要留意前方的道路，因為有人在替你留心。這沒有什麼不好，直到你迷了路。當我們沒有獲得深刻的理解時，我們不得不抓得牢牢的，沒有任何移動的空間。沒有輕盈的觸感。我們渾身僵硬、緊繃。

我們同時也在尋找別人為我們提供一種存在的方法。我們的注意力總是聚焦在他處。我們不再傾聽自己的想法，不再跟隨自己的節奏，或是允許發展自我的風格。我們從未學會信任自己的直覺。更重要的是，無論我們如何模仿別人，我們總是做得不夠好，因為它不是來自我們自己，所以我們總是覺得我們有點落後節拍，進而加深了自我內在「不夠好」的想法，成為一個冒牌貨或是冒名頂替的綜合症患者。只有當我們隨著自己的節奏前進時，我們才能真正感到安全。

如果你希望一切保有任何真實的存在，你必須從你自己的經驗中汲取。你的生活必須是你的內在真實想要表達的；這樣它才能成長和發展。這是我特別欽佩訓練我的薩滿巫士和藥師的一點。他們其實並沒有跟我說的太多；他們教導我的方式是透過儀式傳遞給你的經驗。薩滿儀式非常注重實踐。一旦他們覺得你知道自己在做什麼並理解這項儀式，他們就會鼓勵你在一個安全的框架內找到自己的方式。他們每個人對待儀式的方式略有不同。這與希望每個人皆為獨立的個體其實沒有任何關係，只是當你在拷貝他人的模式時，你並不能把你的心也放進去，你也無法真正與你正在做的事情產生連結，如此一來它將缺乏情感。

鏽跡斑斑的光環

你的半人半神形象令我感到憂心忡忡。我想成為一個既有美德和惡習的普通人。

The impression that you are a demigod worried me. I wanted to be like an ordinary human being with virtues and vices.

——納爾遜．曼德拉（Nelson Mandela）

對很多人來說，靈性的全部目的是尋求變得更完美，或者換一種方式說，尋求「靈性啟發」。說真的，沒有什麼能比這更完善美好了。但這卻可能成為一個阻礙生活，而非提升生活的沉重目標。它帶來了待辦事項清單，而我們覺得如果我們有什麼機會取得它，就必須遵守這些清單。靈性啟發已經成為一種從道聽塗說和假設中得出的理想，一個高標準，如果你持續將焦點放在其上，可以保證你會期望落空。瑜伽修行者前一分鐘還低著頭，雙手擺出祈禱的姿勢，「與宇宙融為一體」，一邊念著「唵」，一邊滲透著智慧和寧靜，五分鐘後，當他們匆忙趕往下一個約會地點時，卻對著車流大罵，內心完全不見任何一絲寧靜。我們很難在少數幾個完美的時刻保持完美的自我，因此與其選擇讓我們的靈性實踐貫穿我們生活的一切，倒不如把它分割開來。我們可以過著享有靈性生活的日子，同時也周旋在現實生活之中，兩者之間不必有所交集。我的建議其實是放下清單，不再尋覓。你越是試圖成為一個過著靈性生活的人，你越是遠離自己。如果你必須與你的真實感受背道而馳，將如同過著戲劇般的人生。生命會向你展示你需要知道、關於你自己的一切，如果你允許它這麼做，安靜下來便可以聆聽到這一切。

靈性伴隨著對自己和他人的期望。一般認為不論你遵循任何形式的靈性傳統，或者你是一名合格的心理學家，你就必須超越內在的一切不安。要是你無法辦到，顯然你並不擅長你的工作。因此，謙遜的態度被拋到了九霄雲外，因為這些經過修飾的形象再次試圖向對方證明他們有多麼講究靈性內在，希望沒有人會意識到他們實際上並沒有每天冥想，彷彿那是一種致命的罪。

靈性世界就像其他地方一樣，也會有其精心塑造的角色。大師們宛如漂浮半空的神靈穿梭人世，臉上透著睿智的表情，接受信徒們對他們的讚頌，對他們說出的隻字片語毫不質疑。他們給人的印象是他們超脫凡人——成為不帶有人類的缺陷和失敗的開悟者——擺明指出你是一個「不起眼的小人物」，在你面前橫著一條漫長的道路。

我們必須小心，別把他人當成半人半神崇拜。那樣的奉獻是一種怠惰的生活形式。我們必須為自己和自己的行為負責。這也意味著，當某個人做了一些讓你失望的事情時，而就算他們難以避免如此，你也不會發現自己因此措手不及。除非我們準備累積自己的經驗，否則我們將永遠不得不屈從於其他人對我們的期望以及我們需要怎麼去做的看法。

臨濟義玄有個古老的禪宗公案：「逢佛，殺佛。」我們終其一生都在聆聽偉大的宗師和導師在向我們解釋生活，但我們可以不必切實遵行。他們很可能成為你在從事自我實踐時的最大絆腳石。臨濟基本上在說我們需要找到我們自己的佛性，如果我們把重點放在認為我們應該如何根據別人的經驗去做，而不是放在我們現下的實際經驗，並與之合作，我們就無法做到這一點。日常生活的喜樂來自於內在持續不間斷地提供養料給你。除非你跑到山洞裡去，否則生活就像一位時刻警惕的老師，向你展現自我實踐的目標何在。不管你是否在匆忙之間發現自己跟著一群人瞎忙而感到煩躁，還是對別人的成功產生羨慕之情，正是這些時刻，我們良善的靈性覺知和寧靜被拋出窗外，我們知道還有著目標等著我們去實踐。

我記得在培訓初期，當我的導師問我覺得培訓如何時，我告訴他，儘管我很喜歡培訓，想要相信我所學到的一切，但我無法擺脫我心中的疑問。他面色凝重地看著我，告訴我永遠不要停止懷疑。他說薩滿教不是盲目的信仰，而是關於經驗；以開放的態度和興趣聽別人說話，但在你開展出自己的經驗之前，什麼都不要相信。然後你就不必先去相信你所學到的一切，你會知道我這話的意思。

說到靈性導師，尊者達賴喇嘛肯定是名列首位。畢竟他被認為是觀世音的第十四次轉世，是慈悲的菩薩和西藏的守護神。然而，他認為自己只是一個簡單的和尚，有著人類的缺陷和失敗，就像我和你一樣。

他特別講述了一些關於自己缺點的故事。在我特別喜歡的一個故事中，他笑談著講述了他年輕時曾嫉妒他的一位公務官，因為他與鳥舍裡的一隻鳥的關係比他更好。他只能看著這隻漂亮的小鸚鵡在吃著官員手中的種子時，讓官員撫摸牠的頭。達賴喇嘛希望這隻鳥對他表現出同樣的愛，但這隻鳥卻不讓他靠近。由於他畢竟是達賴喇嘛尊者，這意味著這隻鳥肯定應會更愛他，他決定在幾天內承擔起這位官員的職責，親自餵養這隻鳥，他想證明這只是一個與鳥兒相處的問題。但是儘管他很努力，這隻鳥卻對於遵從他的意願完全不感興趣。他發脾氣把鳥罵飛了，也破壞他倆之間未來建立友誼的任何可能性了。

舞出你的節奏

你願意彰顯古怪念頭的意願何在？

Where's your will to be weird?

——吉姆·莫里森（Jim Morrison）

隨著自己的節奏起舞並不意味著必須反其道而行之；這不過是意味著不論你在做任何事情，都確保將你自己、你的想法和你的感受包括進來。這麼做是在強調你的獨特性，以及你跟他人不一樣的事實，還有你並不總是想要融入團體或想要適應一切。你想選擇發展你自己的風格，而不是隨波逐流。奇怪的是，我們任何人能做的最困難的事情之一是「做自己」。這可能是因為如果我們想成為真實自然的自己，就意味著我們必須解決所有的不安全感和最大障礙的來源：我們的恐懼。

恐懼有很多表現形式——比如害怕不被喜歡或接受。害怕讓自己出醜。害怕感到脆弱。害怕失敗。害怕展現自己的力量和我們自己的潛力。最大的恐懼可能來自害怕被人看到我們的一切缺點和所有。我們任何人不想要被困在自己的身體裡並體驗到真正的自由，唯一的辦法是當我們不再隱藏我們在生命中不能接受的部分。這意味著我們允許自己變得脆弱。但對於薩滿巫士來說，當你站起來，讓自己被看到，而不試圖隱藏關於自己的任何部分，那麼你就站在你真正的力量中。

花點時間問問自己：我一生中一直害怕的三件事是什麼？把書放下，想一想。首先湧現在腦海中的是什麼？也許把它們寫下來。現在問自己：在我此生之中，有哪三件事因為我的恐懼而始終沒有去做？你能接受這一點嗎？或者現在是時候面對那些阻止你以你想要的方式生活的恐懼了嗎？從你的恐懼中選擇一個，全神貫注，看看它到底在保護你什麼。你或許會發現童年時期的恐懼阻止了你，但你現在已經超越了這種恐懼。

步驟四——

時間之外

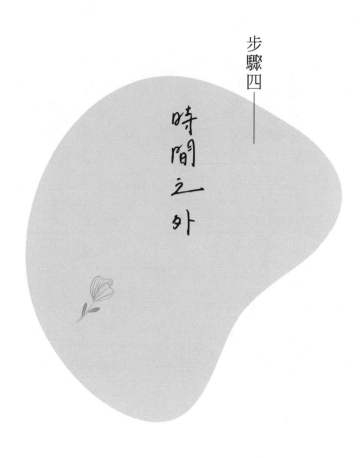

偉大的覺醒

靈視是一種藝術，能看到別人看不到的東西。

Vision is the art of seeing what is invisible to others.

——喬納森．斯威夫特（Jonathan Swift）

如果你曾想過為什麼所有的靈性大師，包括馬哈里希．馬赫什（Maharishi Mahesh）瑜伽上師，以及就連《功夫熊貓》中的師父在內，臉上都帶著一副睿智的表情，這只是因為他們看到的是一個充滿幻覺的世界，生命與我們晚上做的夢有那麼一點不同。根據靈性傳統的說法形容周遭世界宛如一場幻覺時，他們並不是說我們生活的世界不存在。我們生活的世界的確存在，如同我們生活周遭的物質世界一樣。任何嘗試穿越這道牆並且成功的人，都能證實這一點。

當他們說我們生活的世界是一個幻覺時，他們的意思是指它的外在會蒙蔽我們的內心，而不是說它像一縷輕煙般。他們所指的是物質的表面世界，所有我們認同的一切和自我價值，好比說我們所居住的房子、汽車、工作和代表我們思想、觀點與信仰的事物。物質世界希望我們相信，現實是萬能而且是唯一重要的東西。但除非等到泡沫破滅，我們才會開始懷疑它是否不過是人生的一場餘興節目。

你不需要成為一個偉大的靈性導師或神秘主義者，就能清醒地意識到我們生活的世界不過是一個幻覺。它不一定非得要像魔術師揭秘魔術的奧秘那般華麗。有許多人不論他們認為自己是否具有靈性，都知道生活是一場夢，只是他們或許不會以這種方式來表達。對我們大多數人來說，從夢境中醒來不會只有一次。它更像是一個不斷重複的頓悟時刻。看穿生活的幻覺來得快去得也快，彷彿像是在雲朵飄過之後瞥見藍天，直到這個頓悟時刻被另一個引人注意的事件重新拉回。也就是說，你肯定會意識到這一點，所以儘管我們可能繼續遭受幻覺的愚弄和吸引，但我們確實在迅速意識到什麼是重要的和次重要的方面做得更好。

古代瑜伽士把這種意識稱為開啟「第三隻眼」（Ajna）。這第三隻眼是我們的第六感，它向我們提供了一個清晰的靈視，遠遠超出了我們的肉眼所見。當我們的第三隻眼打開時，我們就能在我們所處的物質世界表面中享受生活帶給我們的波折，不會被吸引進去而絆倒跌跤。生活中的波折不能再傷害我們，因為我們可以看到世界如何由一個集體的幻覺所組成，一個我們共同創造的夢境，一個我們稱之為現實的世界。利用過去的靈性大師們所訂定的步驟，我們可以一勞永逸地找到穿越幻覺的方法。然而，我們首先必須瞭解我們思想的本質，並見證它們的行為模式。只有這樣，我們才能看到思想的本質之外究竟包含了什麼。

思想泡沫

我在做夢，我醒著，然後我清醒過來，發現自己睡著了。

I was dreaming I was awake and then I woke up and found myself asleep.

——斯坦・勞雷爾（Stan Laurel）

看待世界的其中一種方式是將其視為一個集思想、觀念和原則於一身的集體概念，它們就像玻璃杯中的氣泡一樣突然出現，然後消失。當我們意識到我們的思想創造出我們的世界時，「改變你的思想，你就改變了你的生活」這句老話似乎說的很有道理。然而，就像大多數諺語一樣，說來容易做來難，問題仍然存在。我們要如何辦到？可悲的是，這並不是每天早上對著浴室的鏡子唸出一串積極的打氣話語，然後坐等你的生活神奇地轉變就能辦到。這些可能有幫助，但實際上你只是在雞尾酒裡加進了一些裝飾。

為了持續改變我們的生活，我們必須掌握我們的思想究竟是如何運作。關於這一點，與其說那是我們的想法，不如說是我們的想法在我們的腦中所占據的空間，它們獨占了我們的注意力，並阻止我們在自己的生活中存在的不同方式。

當你停下來，有意識地關注你的每一個想法時，你可能會注意到它們既不特別有趣，也不具有原創性。我們今天的大多數想法都和昨天一模一樣，它們只是像壽司店傳送帶上的固定菜色一樣循環往復，引誘你去選擇它們。就像我們沒有義務在每道菜經過時拿起它一樣，也沒有必要與每一個爭奪我們注意力的念頭打交道，特別是如果它是我們不喜歡的想法。

問題是我們並不總是能夠愉快地選擇哪種想法。它經常會發生相反的情況。前一分鐘我們還在愉快地吃著壽司，下一分鐘，我們的思想就把我們帶入了一個虛擬的世界，對已經發生或是可能永遠不會發生的事情感到疑惑或擔憂。在迴轉壽司面前，我們只剩下身體。這重要嗎？簡言之，的確如此。因為這正是許多精神疾病的根源所在。當我們讓我們的思想不斷分裂，並將自己隔絕在自己的思想世界中時，過了一段時間，我們就開始失去在身體中的感覺或感到腳踏實地。這種感覺就像我們真的脫離了與身體之間的關係，我們漂浮在自己的上方或是遙遠的彼岸。我們花在思考上的時間越多，我們就越與周圍的世界隔絕。我們感到被切斷了基本的連結，這可能導致焦慮和抑鬱。當這種情況發生時，而且確實發生在我們所有人身上，我們需要有一種回歸的方式——找回我們的連結感，而最快的方式是透過我們的感官。如果你的思想和身體從來沒有同時在同一個地方，就很難照顧到你的精神健康。

為了重新建立連結，可以根據前面文章中提到的五感冥想。你能看到、聽到、聞到、嘗到什麼，你的身體有什麼感覺？這只需要花上一分鐘，所以這是一個每次當你意識到你已經陷入你的想法時的完美練習，即使是一天五十次也不嫌多。重點是我們的思想完全掌控了我們的健康這一點是不爭的事實。我們的思想有著增強或是削弱我們的能力，而削弱我們的力道甚至可能大過增強。事實是，我們的生活在表面上如何變化並不重要，我們的思想控制著我們的心靈狀態，它決定了我們居住的宮殿是囚禁我們的監獄，還是我們的監獄也可以是一座宮殿。比起我們的思想告訴我們什麼，更重要的是我們的思想如何影響我們，以及我們的下一個念頭要把我們送往哪裡，與為什麼會是如此。

有一個小小的禪宗故事，說的是一個坐在路邊的人，突然看到一個騎士不知從哪裡飛出來，像個瘋子似地朝向他飛奔而來。

這個人對騎士喊道：「你這麼著急要去哪裡？」

「我不知道，」騎士回喊道：「去問問我騎的馬！」

我們思想的敏捷性和多變性十分不凡。它們可以像時間機器一樣推動我們回到過去幾年，或者把我們帶向未來。任何曾經在創傷中掙扎過的人都會從經驗中知道，思想與我們的手錶或是智慧手機上的線性時間無任何相關聯。它們也完全無視時間是一條從過去到未來的直線規則。在一個念頭的觸發下，一個人或許會發現自己回到了發生在多年前的創傷事件中，並在當下活在過去。相反的，只要聞到一些自製的巧克力布朗尼蛋糕的味道，你就會發現自己直接被帶回到了童年，等待母親從烤箱裡拿出蛋糕的時刻，或者某首歌曲把你帶回到你的初吻。這正是一種夢境的狀態。思想同時也具有一種力量，可以在身體上感覺到，把我們的感官水準提高到敏銳的程度。一眨眼間，它們可以讓我們心跳加速，讓我們感到胃部不適，使我們神經緊繃，或者讓我們汗流浹背。我們可能會問自己，任何不真實的東西怎麼會影響我們的身體，但如同噩夢中的怪物一樣，我們的想法是夢境的一部分。它們看起來非常真實，直到我們醒來的那一刻。

思想可以如此具有影響力，以至於它們不僅使我們與我們的身體，甚至使我們與我們自己的周遭世界脫節。我們聽不到窗外的鳥兒啁啾，也沒聽見我們周圍正在進行的對話。思考甚至可以使我們遠離我們所期待的時刻。你有沒有發現自己和你最親密的朋友之一坐在一起吃飯時，你發現你真正在聆聽的是在你的腦海中進行的談話？身體和思想分裂成兩個不同的位置。這同樣也是夢境的狀態。

我們所有的想法都有一個共同點，那就是它們讓我們遠離此時此刻的自己。因此，當我們最終開始質疑我們的生活發生了什麼事，或者想知道某一天甚至過去幾年都去了哪裡，而實際上我們並不在那裡，這也一點都不奇怪。那是因為我們的想法不過就是夢境。

看來我們的想法似乎受到嚴厲的批評，成為精神上的替罪羊，總是被挑出來作為壞人，為我們所有的痛苦而受到指責。但這並不是代表我們得反向思考，進而對生活無感，也不是要對人類的進化進行抨擊。沒有經過我們分析、處理、夢想和創造力的生活是不具有價值的。但與我們的思考能力同樣重要的是我們的覺知能力。靈性並非主張避免思想的出現，只是我們要意識到思想之外還有更多其他的東西。這只是一種立場的轉變，因此思想需跟隨著我們的覺知。所以當我們聽從思想的召喚，就如同羊群反過來變成牧羊犬角色一樣可笑。

嶄新的友誼

不要走在我的身後；我不知道怎麼領導。不要走在我前面；我不會跟隨在後。只要與我並肩同行，做我的朋友。

Don't walk behind me; I may not lead. Don't walk in front of me; I may not follow. Just walk beside me and be my friend.

——阿爾伯特．卡繆（Albert Camus）

正念（Mindfulness）是一種極其有效的方法，可以讓我們的身體和心靈在同一時間內，不論時間的長短都處於同一位置。最近的一項研究指出，我們的思想有百分之四十七的時間在遊蕩。這意味著，在我們的生活中，有將近一半的時間我們實際上並不存在當下。我們不是在生活，而是把時間花費在回憶過去、思考未來，或者消耗在思考這個、那個或是其他問題上。

從理論上來說，沒有什麼比正念更簡單的方式，因為你要做的就是活在當下。但事實證明，活在當下其實是有點困難的，因為我們的想法喜歡到處遊蕩。即使你有意識地嘗試，保持在當下，不讓你的思緒飄走，也是出乎意料的困難。

不妨嘗試以下的方式：

- 把書放下，準備好後，閉上眼睛，把你的意識帶到你的呼吸上。
- 注意你的吸氣，空氣從你的鼻子進入，順著你的喉嚨，充滿你的肺部和腹部。
- 屏住呼吸幾秒鐘，然後感覺你呼出的空氣離開你的腹部、肺部，並透過你的鼻子排出。
- 當你呼氣時，有一種放手、放鬆的感覺。

看看你是否能夠連續做二十次而不被一個想法所干擾。

你的思想是強大、可觀的。它帶著點任性，喜歡自由奔跑。想像它是一匹雄偉有力的野馬，想往哪裡跑就往哪裡跑，一會兒向左，一會兒向右，觀察並對環境中最輕微的改變或變化作出反應。善意地、溫和地對待你的想法，你不僅可以馴服你的心靈，而且可以建立起無價的友誼，把它當成生活中的忠實盟友，隨時準備提供你幫助而不是阻礙。這就是為什麼靜觀冥想（meditation）是每一個靈性和宗教實踐的一部分，因為正是在靜觀冥想中我們才真正瞭解自己的心靈。它通常被認為是「你知道它或許對你有好處，但並非有趣的。」然而，靜觀冥想沒有理由讓人覺得是一項艱巨的苦差事。的確，為了從中獲取好處，你必須展現你的誠意，但就像所有偉大的友誼一樣，你與你的心靈相處的時間越長，你們之間的關係就越牢固。我們的思想只是像脫韁的野馬一樣漫無目的地奔跑，因為我們沒有給它任何方向，它也不瞭解我們。如果你想和你的思想交朋友，就像和一匹野馬成為夥伴，你們需要時間來培養一種信任。只有這樣，它才會感到足夠安全，可以放鬆下來，不會再不間斷地被自己的影子嚇到。過程中你得溫柔地哄騙和說些好話，拿出行動，時間久了，它就會開始學著和你待在一起，每次都多待些時間。

靜觀冥想的目的不是用英雄般的意志力來控制你的思想，而是與它交朋友，每當它又想要衝往他處時，冷靜地把它叫回來。當你在學習冥想時，常聽人家說不要試圖阻止念頭的出現，但當一個念頭帶著你跑開時，一旦你意識到它把你帶走了，就把你的意識帶回到你的呼吸或是你冥想的任何焦點上面。諷刺的是我們需要停下腳步，記得提醒自己保持正念，我們確實得這樣做。我們得替自己劃出一個時間，讓我們活在當下。儘管在指定的時間坐在墊子上就像是提供我們一處避難所，然而在一天的混亂之中按下暫停鍵的機會並非總是辦得到。

中國和日本的禪宗僧侶和尼姑將正念視為不僅僅是另一種類型的冥想實踐。對他們來說，正念還是一種存在方式，是我們在一天中無論我們在做什麼都可以去執行的事。如同靈性實踐一般，做這些事情的意義在於讓你感覺更好，並在生活變得艱難時支撐你度過一切難關。所以，如果你在想，「天啊，如果要我應付二十分鐘冥想不會有問題，但要保持持續一整天的冥想馬拉松恐怕就有點強人所難」，相信我你肯定如此認為。實際上並不是如此，它將有助於解決你可能遭遇到的任何不安情緒。它涉及到與你的內在狀態保持連結，當你注意到你的思緒已經離開了你正在做的任何事情（它會不斷地離開），只需把它叫回來，如同你在做正式的冥想一樣。不妨嘗試看看。你可以挑今天或是明天，完全按照你的方式進行你的一天，同樣的節奏，不必特別偏離日常的安排，除了在你啜飲咖啡時，仔細品嘗並品味咖啡的味道。當你在盥洗時，除了洗澡之外，不要去想其他的事情，去感受水和溫度，不要讓你的思緒跑到下一步需要做什麼。這可能不是那麼有異國情調，但要是當你在洗碗時，心境如同感覺自己在喜馬拉雅山頂上以蓮花姿勢打坐，那麼你一樣有機會在其中獲得開悟。

觀察天空中的雲朵

當你改變觀看事物的方式，你所看的事物就會出現改變。

When you change the way you look at things, the things you look at change.

——阿爾伯特．愛因斯坦（Albert Einstein）

你越是練習正念，你就越能夠與那些帶給你更多負面情緒的想法保持一定的距離。你可以成為它們的見證者，而不是它們的受害者。退後一步觀察，而不是總是置身於其中，這對於任何掙扎於創傷和崩潰邊緣的人特別有幫助。我們將隔著一段距離來觀看我們一堆未經處理的痛苦情緒和感受。當我們成為見證者時，它給了我們一些喘息的空間和獲得更好視角的機會。這是日常生活中的一項寶貴技能，因為它減少我們不少的情緒反應。它給了我們更多的空間來觀察我們的思想或是情緒的到來，而不是立即被它所吸引，被我們自己對這些情緒的反應所捲走。

成為見證者絲毫不費任何吹灰之力，它就像躺在沙灘上看著海浪湧現，而不需要根據每一個向我們拍打而來的海浪的表現做出評比。作為見證者，我們可以不覺得有任何義務對一天中的任何事情作出反應。再說一遍，這並不是在號召人們做一個對生活無感的人；反應和回應完全是兩回事。

作為思想的見證者，只需靠在柵欄上看著我們的野馬夥伴在田野間玩耍，吃草，跑來跑去，看著牠身為一匹馬，毋須帶有任何的成見，或是感覺你需要跳進去，開始跟著追逐牠，試圖抓住它，控制它。就讓它順其自然，保有它的樣子。當我們見證我們的思想時，我們意識到我們不是我們的思想。我們也不可能是我們的思想，因為如果真是這樣，我們就無法見證它們的存在。所以，我們和我們的思想並非渾然一體。透過將我們自己與我們的想法分開，我們重新取得了對它們如何在我們腦中流動的控制權。如果我們不是我們的想法，那麼我們也不會受到它們帶來的焦慮所影響；我們不會感受到抑鬱，也不會受到我們的想法對我們的任何看法所影響。

如果你是一個飽受精神痛苦折磨的人，這是一個強大而有效的技巧，值得你去練習。你越是能在你和任何不愉快的想法之間創造出一個更大的空間，當它們試圖將你擊倒時，也就越容易躲避和閃避。這同樣也是一種奇妙的放鬆方式，不必對所有過去的事物進行評論，也不必覺得有義務去討好它，就把那些當成留宿的客人。把自己當成一個沉默的觀察者在觀察你的想法，而不附加評論。從根本上說，我們必須理解，一個思想在我們賦予它重要性之前，一點意義也沒有。

沉默的見證靜觀

這是一種放鬆的冥想，是我個人最喜歡的冥想方式之一，特別是當我的大腦很快被各種想法和意見填滿時。我的內在思緒開始彼此紛爭不斷，搶著發言的時候，我就會選擇這個方法。它幫助我重新與我們所有人皆有的內在寧靜連結起來，這意味著我們的內在是與我們最親近的世界。

這種靜觀的藝術在於你只要坐著，「無所事事」就好。這個冥想並不是要試圖達到某種狀態，或者說達到任何目的。你也可以在室內或是室外進行冥想。無論哪種方式，主要是讓一切保持原有的狀態。如果你能在室外或在敞開的窗戶邊冥想，睜開眼睛，讓大自然進來。用你所有的感官去接觸你周圍的一切，不需要解釋或是說明。只要存在當下，聽進所有不同的聲音——鳥鳴、汽車、飛機、聲音和其他人的音樂——合併成一首交響樂。積極辨識事物的真實面目，即使它們不完全是你通常希望的樣子。聆聽這一切，毋須帶有任何成見。

如果你在室內進行冥想，請確保你坐在真正舒適的地方。沒有必要像個小和尚一樣端坐，讓自己放鬆，也沒有必要讓別人在你身邊躡手躡腳行動。如果你發現閉上眼睛時更容易專注於你的內部世界，那也很好。如果你想嘗試睜開眼睛冥想，那也可以的。你現在可能已經掌握了要領，按照你的方式去做，沒有任何規則。

- 覺察你的呼吸。注意你在呼吸，以及每次呼吸的不同。不要試圖改變它或是調整它，一切原有的方式都很完美。留意你的呼吸是深是淺，有些飽滿，還是有些薄弱。注意你的身體在沒有任何雜念的情況下是否呼吸得很順暢。一切原有的方式都很完美。沒有什麼地方需要去做調整或是改變，就讓一切依循它的方式。
- 見證你的身體處在其自然狀態之中時的感覺。檢視你的身體，當你在檢視身體時，讓自己意識到身體的每個部分。見證你的胸腔如同海浪一般起伏，留意你皮膚上的溫度。
- 現在把你的注意力帶到你的情緒上。見證你的感受。不要試圖改變它們，只需傾聽它們。你不必特別做些什麼，只是做一個沉默的見證者。

．觀察你的想法，如何突然出現並消失。無論它們如何試圖引誘你，只需讓它們存在就行；沒有必要與它們打交道——讓它們像天空中飛翔的鳥兒一樣飛過去。

．看著你自己正在看著自己。成為觀察者。不去想著正在冥想的你。你可能試圖好好冥想，想把這個工作做好。放棄你試圖改變或使某些事情發生的意圖。一切如同它原來的樣子就很完美。除了觀察和放鬆，你絕對不需要去做別的事。

．去觀察觀察者。這個人與那個不斷對於你的生活表現做評論和打分數的人，是同一個。觀察他如何試圖吸引你的注意，注意當他沒有成功時，他很可能會改變策略，開始讚美你的進步。所以，當你內心的聲音感歎道：「哇，做得很好，看你坐在那裡，讓一切都順其自然；你已經掌握了要領，你現在應該已經準備好做更深一階的靜觀」，或者「我想知道我是否看起來很有靈性，是否像我感覺的那樣」，別去理會這些聲音。

．你的思想會不斷找到方法來分散你的注意力。去見證這一點。就像成為一隻你腦中的蒼蠅，而完全不對其中的任何東西作出反應，當我們不再試圖去控制時，自然會為我們打開一個空間。讓這個空間成為一種自然的、毫不費力的覺知狀態。在它被思想覆蓋之前，這是我們的底線。我們都自然具備完全的覺知，我們不是那些在表面上晃動的思想。這是一種內在的平靜，它是和平的海洋。享受這種不費力氣的感覺吧。這是我們對於自我認知的核心。請安靜欣賞。

・當你準備好時，請覺知你的身體和你的身體的呼吸。做幾次深呼吸，然後，當你準備好時，睜開你的眼睛。

這種冥想可以讓你進入深度放鬆狀態，所以一旦完成，最好不要直接駕駛飛機或是前往俱樂部。多給自己一些空間，讓你的感官安定下來。

空杯

賣掉你的聰明才智，買下困惑。

Sell your cleverness and buy bewilderment.

——魯米（Rumi）

有一個著名的禪宗故事：一位大學教授拜訪一位禪宗禪修大師。當他們坐下來喝茶時，教授開始談論禪和冥想背後的概念。當教授滔滔不絕時，禪修大師悄悄地倒了茶。他把教授的杯子斟滿後，繼續往杯子裡倒著茶水。教授看著茶水四處溢出，他再也無法控制自己。

「你在做什麼？杯子已經斟滿，你這不是在浪費茶水，」他對主人驚呼道。

禪修大師回答說：「你的心也已經是滿的，沒有空間再容納任何東西。在你清空你的心之前，我說的任何話也都是白費。」

「無心」（mushin）的藝術是禪宗實踐的核心。無心是指放空你的思想，放下你認為自己對一切的瞭解，這樣你就可以隨時準備好從一個新的角度來看待生活。因此一個自詡專家的頭腦是封閉的，而初學者的頭腦則是開放和充滿好奇心。韓國著名的禪宗大師崇山（Seungsahn）曾稱其為「不知心」。這是對於「曾經經歷過某事某物」而不再感到新鮮的解藥，這種態度耗盡了生活的熱情、色彩和魔法。「不知心」是最有力的實踐之一，因為當我們的頭腦已經被一堆先入為主的想法塞滿時，我們就關閉了生活，我們使它變得有限，變成一本完成的書，它助長了無趣和同質化。它產生了對生活的不滿，侵蝕了我們的心靈。生活變成了天堂裡的地獄，因為沒有什麼能打動我們，因為我們的口味越來越特殊，我們不斷尋找新的和更好的東西來吸引和娛樂自己。我們完全忘記了，正如任何面對死亡的人所知道的那樣，生命的奇蹟和樂趣就在簡單的事情、簡單的時刻和簡單的一個動作裡。在我們身上保持初學者的心態，將給我們帶來無限的能量和對生命的熱情。最重要的是，它使我們心中的孩子保持活力。

我們善於理智分析的自我，喜歡把東西歸位、裝箱、貼上標籤並打上勾。我們宛如生活中的博物館館長，給所有東西都貼上標籤。畢竟，我們從「一開始」就被教導這樣做，而且不可否認的是，這是有效瞭解事物的方式。在樹上唱歌的鳥兒不管我們是否能夠識別牠或給牠貼上標籤，牠都會存在。但是，一旦我們給牠貼上標籤，我們就削弱了牠的魔力，我們使鳥兒在樹上唱歌的魔力變得麻木不仁。我們與生命的奇蹟，諸如花、天空、海洋、鳥、樹等失去連結。我們因為可以為它們命名，我們認為我們知道它們是什麼。但與我們第一次看到它們所不同的是，我們不再看到我們正在看的東西的奇妙之處。一棵樹只是另一棵樹；一隻唱歌的鳥也只是一隻鳥。當我們替事物貼上標籤時，我們有意識地辨識出事物的名稱，然後隨即否定它的存在，我們失去了我們所觀看的事物的奇蹟和魔力。這並不是說我們厭倦了受到震撼，被深深地觸動，我們在世界各地旅行，希望被我們以前沒有見過的嶄新奇蹟感動，或者受到全新的體驗帶給我們的撼動。我們只是需要意識到，當我們帶著新奇的眼光看待事物時，我們每天都可以看到我們周圍的世界是多麼的不尋常和宏偉。我們可以帶著初生者的心態，看到每天早晨在樹上唱歌的鳥兒，對生命的奇蹟感到驚奇。當你在沒有標籤的情況下看待世界時，你看到、聽到、聞到、嘗到、觸摸到了什麼？

初生者的心態是承認每一個時刻都是一個嶄新的時刻。沒有什麼是不變的。當我們認為任何事情都是理所當然的時候，我們便錯過了其中的樂趣。就像我們不會兩次渡過同一條河，不會重複經歷同一個時刻。每個時刻都是全新的。每一刻都是新鮮的，永遠是獨特的。

無論你今天或明天做什麼，都不要帶著過去的經驗、想法和意見的包袱。拋開包袱，嘗試用新的眼光看待每一件事和每個人。留意當你擺脫一切先入為主的包袱，重新看待事物時，會是一種什麼樣的感覺。留意在你周遭的人不再受到批評或被放進框架裡時，他們是如何反應。拋開包袱給事物和我們的關係帶來了開放和開闊的空間，讓每個人和每件事都有它需要的空間來伸展和成長。

在安地斯山脈訓練我的巫士們都帶有一種奇妙的孩子般的氣質；一種純真和體貼。他們簡單的生活意味著他們避開了現代世界的憤世嫉俗，知道如何擁抱生活。他們似乎永遠不會對那些對他們來說很平常的事情感到厭倦。與他們漫步山中，他們總會不時停下腳步，不僅對高空飛翔的兀鷹的壯麗，而且也對他們以前見過的成千上萬次的景色心存敬畏。我還記得當我第一次注意到，在我們漫步的時候，他們似乎在小聲地嘟囔著什麼。當我問其中一個人他們在說什麼時，他告訴我他在說感謝的話語。感謝山、感謝天上的鳥、感謝帕查瑪瑪（地球母親）對他的照顧。他們不會把一切當作理所當然，他們認為每件事和每個人都是獨特的。單純的人過著充滿奇蹟的生活。我總是戴著他們在閒暇時間製作用來販售的白色珠子手鍊。它對我來說宛如一個錨。每當我在一天中注意到它時，它就會提醒我不要把一天的時間浪費在思考上，而要環顧四周，感謝那些只有在初生者的腦中才能真正找到的快樂。

此時此刻

活著是世界上最稀有的東西。大多數人只是存在這世上，僅此而已。

To live is the rarest thing in the world. Most people exist, that is all.

——奧斯卡．王爾德（Oscar Wilde）

正念（Mindfulness）是關於擁抱當下，因為只有當我們身處「當下」時，我們才真正接觸到生命。諷刺的是，正念原義是「保持留心」狀態，卻是在觀照自心的當下必須清空心靈。也就是說，它實際上是一種心的練習。在亞洲，心靈和心的意思是一樣的。正念已經有幾千年的歷史，是歷經時間考驗的古老靈性實踐的完美例子。它是一門學科，幫助我們與一切事物和所有人，包括我們自己在內，重新建立連結，以便我們能夠充分體驗生活。它基本上是一種對生命的熱愛。

在正念中，你學會認識到此刻是唯一實際存在的時刻。所有的一切，包括過去和未來，都只存在於此刻，而此刻實際上並不是一個片刻，因為時刻是對時間的衡量，而當下即是永恆、連續的「現在」，沒有開始或結束。

簡而言之，唯一存在的只有「當下」。

當我們完全置身於「當下」時，我們不再把自己投射出去，因此變得不那麼容易隨我們的思想自由奔馳。作為一個經常被思考吞噬的人，我發現正念的力量在於，當我回到「當下」時，我的思想就不會跟著我走，它們辦不到。因為當我們完全專注於當下時，就沒有空間讓我們的思想或喋喋不休的聲音出現。我們把注意力放在我們無時無刻不存在當下的身體上。這使得它不僅成為了任何精神遭受痛苦折磨的人的避風港，而且如果你繼續練習，就能真正擺脫精神的折磨。根據定義，如果我們的思想沒有容身之處，除非我們刻意選擇專注其上的思想，這意味著當我們活在當下時，任何痛苦的思想都沒有生存的空間。這就像在鬼抓人遊戲中，你的腳如果踩在基地上，你就不能被碰觸。低頭看看你的手。當你看著你的手時，留意即使只有頃刻，你的思想安靜下來的時刻。在這個片刻間，你找到了一處避難所、一個安靜的地方。

舉一個真實地活在當下的極端例子，在背景沒有任何噪音的情況下，遭遇一個生死攸關的情景。想像一下，你走在熱帶雨林的一條狹窄小徑上，迎面遇到一條嘶嘶作響的蛇。請確保你不僅會突然停下腳步，你的思想也會如此。這條蛇將在瞬間折返，回到它原來所在處。任何你在這一秒之前可能有過的想法——無論是白日夢、為明天做計畫，還是迷失在痛苦的想法或情緒中——都會消失，你不會看到它們留下任何痕跡，即使是你的內在充滿批評，包括一些最初的咒詛，也會安靜閉嘴，這麼做也許提供一些幫助。當你將全部注意力集中在這條蛇身上之際，你將體驗到一種警覺、冷靜、敏銳的意識。

採用正念練習使你有能力在日常生活中挖掘出心靈安靜的那一刻，而不必忍受令人疲憊或可怕的腎上腺素激增。如果你能體驗到這種靜止，哪怕是一絲一毫，你就找到了如何隨時讓自己心靈沉澱安靜下來的答案。這意味著你在思想之間找到了，在這個間隙之中你可以幫助自己解決令你感到抑鬱、恐懼、焦慮、壓力和羞恥的情緒。你將有能力從那些你認為這些思想、情緒和恐懼會一直糾纏你，令你感到痛苦的情緒之中奪回你的主控權。毫釐之差就能讓你觸摸到內心的平靜，從內部的噪音中獲得片刻的喘息，這是一個開始，一個可以穩步增加的差距。

回到我們感官的最簡單方法是透過呼吸，一個連接我們的思想和身體的橋樑。如果你的思想把你帶到了你不想去的地方，把你的注意力帶回你的呼吸。如果你把你的注意力完全集中在你的呼吸上，那麼那些干擾我們情緒的思想就會消失。只要你能停留在「當下」，你就是自由的。有時，我們的念頭是如此紛雜，甚至使我們難以專注於呼吸。當這種情況發生時，說些話或許對你有幫助，但它需要是相當溫和和無害的話語。所以，當你吸氣時，對自己輕聲說：「我在吸氣」，當你吐氣時，你可以輕聲說，「我在吐氣」。

由越南禪宗大師釋一行（Thich Nhat Hanh）創立的法國靜修中心梅村修道院（Plum Village）裡，寺院每隔十五分鐘鐘聲敲響一次。鐘聲響起時，每個人都會停止他們正在做的任何事情，無論是正在做飯還是沉思，以便他們能夠回到當下。他們把意識帶回到呼吸之中，至少三次，然後再回到他們正在做的任何事情。這麼做將有效地切斷了我們大多數人在日常工作中陷入的催眠和恍惚狀態。如果你手頭沒有寺院的大鐘或西藏頌缽，也不用擔心，利用你手機上的計時器取代就行了。這是一個簡單的練習，只需要幾秒鐘，卻十分有效，因為它使我們的思想保持在一個長長的直線上，所以它永遠不會離開我們太長時間。

如果我們能夠全心放在我們的行為表現，並將自身的經驗呈現出來，這麼做不僅是為了我們自己的思維管理，也是我們可以提供給他人的無價禮物。給予對方全心的關注是讓對方知道你看到了他們。在任何關係的開始階段，我們都很擅長這一點，主要是因為我們想待在那裡，所以我們適當地在場。然後，隨著我們對這個人的瞭解，他們也許成為我們生活的一部分，我們看到他們，聽到他們，但我們不一定**傾聽**他們。我們聽到了他們說的隻字片語，卻沒有聽到這些話語背後的內容。這可能發生在伴侶之間；可能發生在父母和他們的孩子之間；當然，反之亦然。這成了一個壞習慣，也是一個讓人不開心的習慣。我們的身體雖然在場，但靈魂卻不在場。我們忙於讓他人看見我們，卻也意味我們不為自己的在場服務。

如果你也想試試正念，這並不意味著你的生活必須做出巨大的改變——你只是變得更有覺知。你不必以莊嚴肅穆的態度來面對你的餘生，將手心貼在你的胸前，以一種端莊而從容的心態面對就行。但也不是因此要你就此放鬆，希望宇宙會為你安排好生活。我們都需要制定計劃。這是生活的一部分，有時我們需要加快步伐。相反的，你可以把正念看作是一種寶貴的技能，你可以在任何時間、任何地點使用這項技能，無論當生活因任何原因變得不堪重負時。

正念是一種整體性的實踐，可以提高我們生活的各個方面。它是科學的，能夠幫助我們從下意識出於習慣與欠缺思考的恍惚狀態中走出，或者說，為了體會真正的樂趣——無論是不斷購物還是狼吞虎嚥。任何曾經禁食或戒毒的人都知道，當他們恢復健康後的第一餐有多麼美味。每一口都是值得細細品味的快樂。每樣東西都是一種享受。正念是品味生活。

步驟五——幻夢

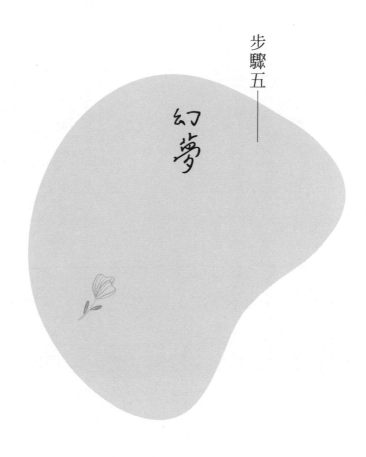

現實生活

現實就是當你不再相信它時，它也不會消失。

Reality is that which, when you stop believing in it, doesn't go away.

——菲力浦・迪克（Philip K. Dick）

當你思考何謂現實的時候，你的思想會把你帶到哪裡？你是否會立即想到你現在的情況，你的生活是否過得如意？或者你把現實看作是真實與事實的綜合體？一個明確的、固定的框架，形成了可見的、有形的和可信賴的「現實世界」，在現實世界裡你所見到的樹就是一棵樹，魚不會爬上樹。在現實生活中，有時交通號誌亮出綠燈讓你通行，有時則不然。不是因為你有福氣或是受到注意，只是因為它們就是如此。這是一個由適用於我們所有人與不可否認的真理所組成的真實世界，因為當你深入瞭解時，現實就是「就是如此」。

但是也可以說，一切並不是如此。因為如果現在有七十七億人生活在這個地球上，你可以確信至少有七十七億種不同的現實。每個人對現實生活都有自己獨特的詮釋。因為我們都是從個人的角度來看待世界，我們每個人都有自己的故事，這些故事是我們多年來建立起來的，然後我們給這些故事貼上標記為「現實」的標籤。我們都能找到志同道合的人，他們會很高興地同意我們的故事版本——他們往往是我們最喜歡的人，最終成為我們的朋友。但是，儘管我們對生命的看法可能相似，但每個人對現實是什麼的想法總會有某些獨特、相異處。

客觀、直言不諱的「如你所見」的現實世界不過是我們大多數人所說的現實的一個基礎。它代表了基本的現實，為我們所有人生活其上的競技場創造了一個框架。無論我們在生活中扮演什麼角色，在其中的地位如何，也無論任何人說什麼，都不可能完全控制這個競技場。我們沒有人對我們出生的家庭或環境或是我們在童年時期發生的任何事情有發言權。我們是否能在工作中贏得晉升，或者我們全心全意愛的人是否會回應我們的愛，都無法完全取決於我們。事實上，即使我們完全遵循社會對成功的定義，在考試中取得好成績，融入合適的群體，獲得別人羨慕的財富或取得人人稱羨的名聲，也絕對無法保證它會給我們帶來持久的幸福，或是能給我們想要從生活中取得的任何東西。

然而「偉大覺醒」的一部分是體悟到我們對現實的大部分想法只不過是一個想法而已。它是一種信念，一種結構體，一種與經典相提並論的虛構。我們將我們的信念和觀點投射到「現實世界」，那裡的豬不會飛，我們把牠變成了人。大多數人認為的現實幾乎不是「真實的世界」，而是說明他們所瞭解的一切。如果我們意識到這一點，就不會有問題，但我們從來沒有質疑過我們自己對現實的想法。這意味著我們仍然被自己的限制性想法所限制：現實是以某種方式固著下來，是一種觀點，我們別無選擇，只能順著它走。我們沒有意識到，這個固著的觀點實際上是我們個人的觀點，因此透過改變這個觀點或選擇擁有不止一個觀點，使我們不僅可以改變，也可以學著控制我們的大部分現實。

我們的現實是由兩個部分組成，正如我們在前面的步驟中所看到的，我們都生活在兩個世界裡：一個是我們與他人共享的公開世界，一個是我們不願意與人分享的私人世界。這就是說，我們傾向於將它們視為一個整體。這絕對沒問題；事實上，這也是應該的——世界並不需要聽到我們所有的內心想法。然而，當我們的內在信念與外在世界發生衝突時，可能會造成我們精神上的痛苦。它使我們相信，要麼世界在跟我們作對，要麼是我們根本上出現了問題。這兩者都不是真的。然而，當內在與外在兩個世界不一致時，問題並不在於公開的世界，而是我們的私人世界。我們需要認識到的第一件事是我們如何看待這個世界，比起這個世界實際發生的任何事情都要重要。

我們大多數人認為，如果想擁有一個美好的生活，我們需要將所有注意力放在外在世界，而且只有外在世界才有辦法讓我們感覺更好。我們認為外在世界決定了我們的生活是好是壞，以及是否覺得快樂。事實上，我們的兩個世界之所以爭吵，與外在世界沒有什麼關係，而與我們不願與外界分享的內在世界有關。我們的內心世界才是幕後的主宰。我們如何看待現實，完全取決於我們在任何特定時間裡的心理狀態。例如，當你戀愛時、剛剛在考試中取得優異成績或完成交易時，世界變得相當美好，就算是聆聽樹上唱歌的鳥兒也變得是一種享受。但是當你剛剛失戀、考試失敗或沒談成生意時，世界就變得全然不同，甚至對於樹上唱歌的鳥兒的感覺也因此變得不同。

當我們期待我們的周遭世界來改善我們的福祉或是幸福感時，我們止在把所有的努力集中在錯誤的地方。我們把所有的希望寄託在我們無法控制的外在世界，而忽略了我們可以控制的內在世界。我們獲得什麼奇蹟和樂趣並不重要，我們的心態——只有我們的心態——將決定我們是否享受它們。唯一的現實是沒有內在世界的允許，外在世界沒有能力真正改變我們的生活。多虧了媒體，我們有數不盡的例子可以說明這種不屈服的力量無可否認地存在，比如有些看似身無分文的人似乎滿足於眼前的現況，不管他們實際的命運如何；而有些似乎享有特權，擁有他們想要的一切的人，卻可能在精神痛苦中掙扎，儘管他們很努力，卻無法找到平靜或幸福。

回顧你的世界

沒有真相，只有詮釋。

There are no facts, only interpretations.

——弗里德里希・尼采（Friedrich Nietzsche）

我們的許多精神痛苦來自於我們只知道以一種特定的方式看待生活。對某些人來說，他們可能透過情感來看待周遭的一切；對另一些人來說，他們可能以更務實的方式看待一切。這意味著，當我們自己的觀點是造成我們痛苦的原因時，我們別無選擇，只能忍受它。想像一下，走在一條開始變得非常泥濘的路上，你的每一步都走得很費勁，甚至毀了一雙靴子。如果你知道另一條路，你就有辦法逃離泥濘的噩夢，你所要做的就是換一條路。但如果這條道路是你唯一知道的，那麼你別無選擇，只能慢慢地在厚重的泥濘中前進，並祈禱在某個時刻，你會很快走到盡頭。

當我們沉浸在戲劇或情緒中時，情況也是如此。所有的一切都慢了下來，我們的現實變得狹窄，我們被我們的感覺所吞噬，對其他一切都視而不見。我們看到的只是腳下的泥巴。當我們在生活中掙扎時，擺脫束縛的最快方法之一是改變我們的觀點，並嘗試以另一種方式來感知情況，使用除了我們正在使用的方式以外的任何方式。有很多方法可以做到這一點，比如問自己幾個問題；帶著一種好奇心和客觀態度來瞭解你自身的情況，就像你在觀察一件物體；或者接受你的情緒，然後捫心自問為什麼這件事會對你造成影響，為什麼你會如此固執。在這個情緒背後會是恐懼嗎？它是否讓你感到失控？這麼做並不是要為你的觀點找出正當的理由，而是要試圖看到在你的觀點之外更多的東西。你該對自己為何出現這樣的觀點，以及它是幫助還是阻礙你，感到好奇。你得從不同的觀點來看待影響你的事件？如果你在一場爭辯中，你能否看出對方的觀點？正如美國原住民的說法，「在你穿上他的軟皮鞋走了一英里之前，永遠不要評判另外一個人。」第三方又是如何看待你們之間的問題？我們需要持續挑戰我們自己習以為常的觀點。你是否需要像藝術家一樣，從畫布上向後退一步，好讓你看清事件的原貌？只有透過向後退一步的方式，你才能準確地指出到底是什麼帶給你痛苦。

靈性方面的一切學習都是為了弄清我們如何以及為何受苦。我們不僅可以瞭解事情的根本原因，而且可以提供實際的步驟幫助自身。其中一個答案在於韓國禪宗大師崇山的一句話：

這個世界是否是空的或是否存在，並不重要。我們所說的「世界」只是一種觀點。拿走你的意見，然後呢？剩下的是什麼？這就是問題所在。拿走你的意見——你的條件、情況——那麼你的心就像空房間一樣清晰可見。像空房間一樣意味著像鏡子一樣清晰。鏡子反映出一切：天空是藍的，樹是綠的，糖是甜的。只要與真理合一——這就是禪宗風格。只是說話，沒有好處。沒有真理。

當我們陷入掙扎時，我們可以做的一件事是返回現實的根本——也就是說，你對於客觀的現實不需要加進自己的看法。一棵樹就是一棵樹，一條魚就是一條魚，泥巴就是泥巴。它們沒有好壞之分，它們只是它們原來的模樣。超越現實根本的其他一切絕對是個人的詮釋；它只是你的意見。當你穿著全新的運動鞋在鄉間散步時不小心踩到了牛糞，並不意味著這個世界對你不公。牛糞並不是故意被放置在路上，牛隻也不會躲在樹後面偷笑。的確，踩到牛糞很噁心，很煩人，但是讓它毀掉剩下的散步時間或是一整天的時間，從而延長你的痛苦是毫無意義的。只要我們能夠認識到這一點，力量便返回到了我們手中，我們就可以自由地決定東西的去留。我們可以透過改變我們的詮釋來阻止我們自己的很多痛苦。這並不意味著我們的生活會突然間不受到任何影響或是不會出現其他感覺，但它確實意味著我們知道如何看穿它們，所以我們不會被這些事件完全吞噬。

一旦你意識到現實不是一個既成事實，儘管現實是發生在你身上的事，而你對它幾乎不存有任何意見，那麼這樣的幻覺就會消失。我們對現實的體驗是由我們自己決定的，如果我們不首先改變我們對它的看法，而想試圖改變我們的生活，這一切將不具任何的意義。

現實就像一個萬花筒；彩色碎片的數目總是維持不變，但當它們開始移動、變形或是合併時，你看到的東西取決於它們反映在鏡中的位置。同樣的，我們如何看待外在世界是我們內在世界的反映。在這兩種情況下，我們成為催化劑——沒有了我們的參與，一切都不會發生。就像我們轉動萬花筒使碎片移動一樣，構成我們現實的碎片——人與事件，也不會改變，除非我們改變對它們的看法。

薩滿的觀看方式

現實不過只是一個墨跡的測驗。

Reality is only a Rorschach ink-blot.

——阿倫．沃茨（Alan Watts）

我們如何看待生活，取決於我們如何透過鏡頭看待它。不同的鏡頭以不同的方式過濾我們對世界的經驗，因此，重要的是確保你使用的是正確的鏡頭，甚至更正面的是意識到有不只一個鏡頭。

當我們改變對生活中的事件的看法時，我們的現實就會發生變化。就像照相機可以根據我們想拍的鏡頭放大或縮小一樣，當涉及到我們的生活時，我們也可以做到這一點。就像你不會戴上一副老花鏡去看地平線上的夕陽一樣，我們同樣也知道，整天坐在墊子上吟誦梵咒「唵」是無法支付房租的。

很明顯，我們經常使用錯誤的過濾鏡頭：帶著錯誤的鏡頭尋找我們的靈魂伴侶，試圖合理化和理解抑鬱症，或進行一個滿月的火典儀式，為的是祈求得到一棟豪宅。我們可能會在正確的方向上看到一些變化，但這是因為我們集中在我們的意圖上；這是一種碰運氣的取巧方法，有一種更簡單、更可靠的方法來使用各種不同的鏡頭。瞭解不同層次的感知是非常寶貴的。毫無疑問，這是我所知道的最實用、最強大的做法之一，它幫助我度過了人生中的幾個艱難時刻。我的導師阿貝托·維洛多向我介紹了感知的四個層次，他是薩滿長老和四風協會的創始人。當我第一次聽到阿貝托描述觀看現實的不同方式時，對我來說是一個「頓悟」時刻。這讓我意識到，在那之前，這只不過是一個抽象的概念，我一直在努力地想要瞭解其中的意義。這是我第一次找到一種方法來描繪我自己看不見的內心世界，並真正看到它如何操縱我對世界的看法。薩滿巫士描繪我們內心世界的方式的力量在於它的簡單性。他們使用色彩豐富的意象，便於記憶和快速閱讀。它充滿了使用自然界和動物世界的隱喻，使複雜的概念變得清晰、快速。這種簡單性使每個人都能理解且不分年齡。

阿貝托將我們對現實的感知分為四個層次。

1. 物質層面，以蛇代表。
2. 心理層面，以美洲豹為代表。
3. 靈魂層面，以蜂鳥為代表。
4. 精神／能量層面，以兀鷹代表。

如果你不是生活在熱帶雨林或是安地斯山脈高處的偏遠村莊，在感知的四個層次中使用的動物原型可能看起來有些異國情調，但它們喚起的感覺是普遍的。我們可以借助一點想像力，勾勒出成為一條蛇的感覺，蛇腹緊貼著地面，只能看到我們眼前的視野，完全依靠我們的本能；或者成為一隻兀鷹，在高空中優雅地飛翔，盤旋並俯視著廣闊的天地。即使想像不出來，你也知道從邏輯上講，一條蛇對世界的體驗絕對跟兀鷹不會一樣。阿貝托對於動物原型的選擇並不是隨意的。它們的存在是為了阻止不同層次之間僅僅是另一個理智思考的概念，並幫助我們對每個層次的實際感受有更深的認識。這四個感知層次影響我們對現實的感知。蛇的層次像是縮小的相機鏡頭，所以你可以捕捉到微觀的物質細節，兀鷹的層次則是放大了的鏡頭，讓你看到生活的全景。

一旦你理解了我們所有人用來感知現實的不同層次，我們的現實是如何根據我們選擇的框架而改變就變得很明顯可見。以下是我對感知的四個層次的解釋：

物質層面（蛇）

在這個層面上，現實被推回本質，世界由物質組成。我們在物質層面關注的重點是去做需要做的事情，毋須任何情感或理智的分析。我們只關注事實和功能，一步一腳印，去做必須要做的事。當我們利用這個鏡頭來過濾現實時，世界則是我們的感官告訴我們的東西。它存在物質層面，毋須用到思考。一棵樹就是一棵樹。你可以看到它，你可以觸摸它。這是一個真實的世界，當我們過馬路時，我們知道要向左或向右看，無論我們是否受到天啟。在這個層面上，我們在一個充滿其他同樣獨特的物質存在的世界裡，不過是一個獨特的存在。當我們透過這個鏡頭看世界時，就像蛇一樣，我們只關心我們眼前的需要，我們不去保存或持有對未來的憧憬。就像在這個層次的蛇一樣，我們的感官和本能都是為了生存。在危機時刻，這是一個完美的鏡頭，恐懼和情緒不僅沒有幫助，反而是一種障礙。正如我的一位探險家朋友曾經告訴我，生存的第一條規則就是生存、活下去。如果你發現自己被困在山頂，夜幕降臨，你最不想做的事情就是驚慌失措，擔心自己是否能熬過這一夜，並浪費精力去預想結果，而不是為了生火尋找木材。你需要冷靜專注於需要去做的事，以度過這個夜晚。

心理層面（美洲豹）

在這裡，我們仍會進入「蛇」的層次，但現在我們有了全面的思想、感覺和情感。這世界上有其他超出我們的眼睛所能看到的東西。在這個層次的語言是文字、智力思維、視覺、觀念和情感。現在，科學是一種激情。正如美國物理學家理查・費曼（Richard Feynman）所說：「物理學就像性一樣：當然，它可能會帶來一些實際的結果，但這不是我們去研究它的原因。」當我們使用這個鏡頭時，現實是主觀的；當我們根據自己的信仰和經驗看待世界時，一切都變成了個人的詮釋。這是我們大多數人最熟悉的層面。現在我們仍然可以把樹看成只是一棵樹，但我們也可以把我們的想法和意見投射到它身上，並決定我們是否喜歡它。我們可以批判它，塑造它，並且去比較我們認為它與其他樹的形狀之間如何不同。在這個層面上，樹不僅僅是一個我們可以棲身的地方，它可以被打造成一個時尚的家。火不只是為了讓我們取暖，它是一個可以讓我們坐在旁邊與朋友分享故事和烤香腸的地方。

薩滿巫士稱這是美洲豹的領域，因為在這裡我們以貓的好奇心來看待現實。我們對於探索一切可以看到的東西感興趣。我們不只是簡單地對我們的周遭做出反應，而是進入我們的處境。像貓一樣，我們可以玩耍，也可以爬到樹上休息，觀看世界的變化。

靈魂層面（蜂鳥）

靈魂的層次是一個超越語言的境界。它存在於我們內心一個無法以言語解釋之處，除非你是一個詩人。它也不能以智力層面來理解，無法被分析。我們可以透過收音機裡那首似乎直接與你的靈魂對話的歌曲或是讓你停下腳步的畫作來進入它。這是一個深刻的領域，唯一的語言是藝術、音樂、神話和儀式。當靈魂被觸動時，那是一個喚起宏偉事物的時刻，它超越了日常，提醒你生命中還有很多東西是超越字面所能解釋的。這是一個時間似乎停止的時刻。在這個層面上，我們知道我們是某個比我們個人生命更偉大與更宏偉的東西的一部分。我們可以在任何打動我們的儀式中體驗到它，一個成年儀式，或者僅僅是停下腳步仰望夜空中的星星。當我們透過這個鏡頭觀看現實時，我們開始把生命視為神聖的。在這個層次的感知中，我們可以享受蛇和美洲豹的境界，但亦可提升至可以看到我們生命的整個時間軸，整個畫面，這個層次的感知原型是蜂鳥。觀察一隻色彩斑斕的蜂鳥如何移動，我們很難不為大自然的魔力感到喜悅。前一分鐘牠還在向後飛，後一分鐘牠就在花前盤旋。蜂鳥是最小的鳥類之一，但牠卻實現了似乎不可能實現的目標，每年兩次遷徙到遙遠的地方。在這個層面上，生命成為一種冒險，我們成為自己史詩故事中的英雄。在這個層面上，樹不僅僅是一棵樹，它是生命之樹；從橡子到橡樹，一個講述了英雄之旅的永恆神話，一個我們都必須經歷的旅程。

精神／能量層面（兀鷹）

兀鷹的層次囊括了所有其他層次的感知，因為如同在高空飛行的兀鷹可以看到地平線以外的地方以及地面上的獵物一樣，我們可以直接放大細節，也可以拉開鏡頭，看到更廣闊的畫面。在這個層面上，你可以擺脫所有與你以及其他人相關的事物。你知道你認同的只是幻覺的一部分，因為在這個層面上沒有「我」——萬事萬物彼此連結。你超越了二元論和時間，超越了形式。你與世界融為一體。它有許多名字：靈性、純粹的覺知、無心、空無。在這裡你看不到樹的形式；它只是能量，是意識的無形表現。想像一下，你透過電子顯微鏡看這棵樹。透過顯微鏡看，你不能說你在看一棵樹，因為你離得太近，看不清它的實際形態，你看到的也許只是原子、分子和能量——而這正是構成萬物的相同成分，包括我們在內。在這個感知的層面，萬物成為一體。我們是山，是河，是樹，是花，就像我們自己。我們是有著雄偉羽翼的兀鷹，在天空中盤旋，敏捷的美洲虎優雅地在雨林中穿行。當你從這個層面感知現實時，你不僅是自然、也是生命之流的一部分；你**就是**自然，你**就是**生命之流。你和宇宙成為一體。

翻轉認知

有時情況之所以成為問題，只是因為它以某種方式被看待。如果以另一種方式觀看，將明顯可見，在正確的行動之下，問題將不再存在。

Sometimes the situation is only a problem because it is looked at in a certain way. Looked at in another way, the right course of action may be so obvious that the problem no longer exists.

——愛德華．德．波諾（Edward de Bono）

當薩滿巫士想要改變他們的世界時，他們會改變對世界的感知。知道如何平衡和轉變認知是一個重要的工具。

我們對於感知的前兩個層次物質和心理都十分熟悉，它們往往會得到我們的充分關注。然而，在現今這個繁忙的社會，靈魂和靈性幾乎可以說受到了忽略，我們並沒有真正重視它們。我們很少給自己時間暫停和做一個遠大的白日夢，而且，當我們這樣做時，我們往往會壓抑我們的夢想，告訴自己它們不夠現實。我們鮮少，如果有的話，把我們的生活看成一個整體，或者捫心自問，我們到底想要什麼樣的生活；當我們老了，躺在病床上，是什麼讓我們發出滿意地讚嘆。至於靈性，要麼被認為是「胡言亂語」，要麼就是與我們的日常生活隔著一段距離。我們皆可能比其他層次更傾向於其中一個層次，並以此過著我們的生活。無論你是天生如此，或是從一件事跳到另一件事，或者你把生活看作是一種冒險，或是你對內心世界更感興趣，我們都不能只停留在我們已知的事物上。

重點是確保自己不要死守在一個層級裡，像糟糕的卡拉OK之夜裡霸占著麥克風不放的人就行。對於一個充實的生活來說，它們需要彼此平等地相伴。這不是什麼階梯系統，目標是找到你自己的崇高的雲，讓你靠在上面小憩，與宇宙融為一體。沒有哪個層次比較好；它們同樣重要，同樣被需要。每個層次都有其洞察的見解。如果真有一個目標，那就是必須對每一個層次的感知都感到自在。我們的理性、情感、靈魂和靈性自我都需要發聲。我們的理性自我是無價的，但我們不僅僅是行走的電腦。在我們的生活中，並不是所有的事情都可以被分析或以符合邏輯的方式去理解。一個人或許在紙頁之間有一個完美的生活，卻發現自己沒有能力處理內在深刻的抑鬱。如果我們試圖將生活中的一切合理化，那麼我們的靈魂將得不到滋養。你想要享有每個層面帶來的經驗，並不是去拒絕其中一個層面而支持另一個層面——你只要能夠善加利用這些層面，並享受其中。

除非你打算移居到喜馬拉雅山，在山洞裡安家與整日靜觀，否則你並不想或也無法長期處於靈性層面。我們得處在日常生活的現實中，這牽涉到我們必須處理日常生活的基本要求，就像辦一所學校一樣。然而，你又不想只存在於物質層面去體驗生活，或只關心一個待辦事項，沒有情感、願景和夢想。

學習如何從一個層次的感知轉移到另一個層次的感知是一項很有力的技能。找到正確的感知層次，如同用嶄新的眼光看待問題，它將能幫助你看到該怎麼因應，並可能消除問題。每當你覺得自己陷入掙扎中時，無論什麼原因，花點時間，試著從每個層次來看待你的問題。首先注意到在控制之下的感知層次，然後在各個層次之間轉換，就像你在開車時換檔一樣。通常情況下，單純從各個層次去看待你遭遇的情況是你需要去做的事，這麼做得以幫助你擺脫困境。想像一下，在趕去前往參加一個重要會議的路上遇上了塞車，你的心裡肯定發出吶喊：「這不可能發生！」「我的生活被毀了！」而你待在動彈不得的車陣中，不斷地按嗚喇叭。此刻不是透過情緒化的鏡頭來過濾現實的時候；如果你這樣做，你只會讓事情更加棘手。相反的，你得把自己從痛苦的事件中抽離出來，改用一個更實際的鏡頭——你可以打電話告知對方你被堵在路上，以及認為自己什麼時候能抵達。你甚至可以進入兀鷹的鏡頭，用一個生命中的更大的格局來看待此事。你所需要做的就是利用這四個層次的感知來看待你的問題，你將很快能夠看到被卡住的地方並重新找到平衡，這也會讓你的朋友和家人的生活變得更加順暢。在我自己的生活中，我發現能夠從不同層次感知現實，可以積極幫助我度過危機。

幾年前，我在半夜裡被浴室裡的水管發出的響亮咕嚕聲響驚醒。外面的雨下得又大又急。在我還沒有完全清醒，大腦還搞不清楚怎麼回事的時候，就到了樓下的門口，手裡提著水桶。從我陷入夢境到開始把從門下湧入的水舀出去，大概不超過六十秒的時間。這是一個反射性的生存動作——我處於蛇的物質層次，遵循我的本能，去做需要做的事情，完全專注，不帶任何情感。在那一刻，我唯一的目的是去處理手頭的情況。後來我意識到，我的直覺似乎出了點岔，因為我只是把溢出我家的排水管的水舀出，但這是另一回事，當時我覺得自己在做一件有意義的事，這讓我在危機時刻忙碌起來。當水開始從每一個可能的開口處湧入屋內時，很明顯，舀水只是徒勞，我的重點轉向從地板上取走所有能取的東西，搶救我所能做的一切。當我再也無能為力的時候，我才會退往高處，待在樓上，並開始思考樓下究竟發生什麼事情。在我停下來的那一刻，我從生存模式中走了出來，開始想到房子的損害和解決它的噩夢，腦中開始充滿各種想法和情緒。

瞭解這四個層級意味著我可以利用它們的幫助，使事件對我來說盡可能變得簡單。我知道目前我最好還是停留在象徵蛇的物質層面，而我的情緒只會讓我沮喪。所以，我又回到了語言的層次，繼續只關注實際情況，只做需要去做的事，一次解決一件事，偶爾讓自己停下來思考洪水的影響。當我的情緒變得不那麼原始和盲目時，我開始從美洲豹的角度正確看待這件事，圍繞著洪水事件的情感平息下來。在接下來的幾個星期裡，我在這兩個層面上過濾了現實。我還沒有準備好去看格局更大的畫面，沒有興趣從其中看到更深的意義，或者作為我的靈魂「旅程」的一部分。但隨著時間過去，我逐漸看到了，我意識到它迫使我對自己的物品進行了一次大掃除。另外，由於我的診間也遭到波及，我不得不在起居室裡騰出一個臨時的房間，洪水迫使我走出我應該怎麼做的固著思想。它提醒了我要變通，不要固著在我的想法上，在生活中腳步要輕快些。我開始著眼於大一點的格局。因此，我開始在語言、情感和靈魂層面之間穿梭。仍然有一些事情需要做，但我的情緒開始與我合作，而不是與我作對，離開像倉鼠不停踩著輪子的步調讓我有機會重新評估我的優先事項。

最後，來到兀鷹層級，我開始看到宏觀的畫面，我明白這不過只是生活帶來的考驗。損失和災害並不重要，它們不過是身外之物。從這個角度來看，整個事件不再是一場災難，我可以看到洪水實際上不過是一個小插曲。這是否意味著我很高興它的發生？當然不是。但知道如何使用不同層級的感知，讓感知在不同的層級間穿梭，意味著我不會一直陷入事件帶給我的情緒之中，因此沒有必要延長我的痛苦。

這是一個強大的復原工具，你、我皆可以使用。下次不論當你遭遇任何大小事情的時候，不妨試試看。透過每一個鏡頭來觀看各個事件，你將會親眼看到這個方法有多容易和能夠見效，這個技巧可以使你不被遭遇到的事件吞噬或陷入其中無法自拔。

步驟六——

鬆綁牢牢緊抓的

窺視角落

人們從不害怕未知的事物，而是害怕已知的事物走到盡頭。

One is never afraid of the unknown; one is afraid of the known coming to an end.

——吉杜．克里希那穆提（Jiddu Krishnamurti）

「偉大的覺醒」的最後一部分意識到，無論我們如何努力，我們永遠無法完全控制生活，這是一個幻覺。但與前兩個步驟不同的是，控制幻覺不是依靠欺騙——幻覺純粹是想像力的產物，與皇帝和他的新衣服一樣的幻覺。我們可以隨心所欲地投資無窮無盡的應用程式，幫助我們掌握事物，學習更複雜的方法來組織、包裝，把生活的一切貼上標籤。但是，如果我們過度依賴其中任何一個應用程式，我們就會相信生活是可預測的——而事實並非如此。生活的本質在於它處於不斷變化的狀態。生活不能被簡化為一個簡單的公式，也不能被限制在一個精心編寫的待辦事項清單中。正如伍迪·艾倫曾經說過的，「如果你想讓上帝發笑，就把你的計畫告訴祂。」

然而，這是身為人類條件的一部分，我們都希望事情在我們的控制之中，否則我們就不會感到安穩和安全。我們與生俱來對未知的事物充滿原始的恐懼，這對我們的祖先來說也許更為直接重要，但現今仍然嚴重影響著我們如何選擇生活。在某種程度上，我們對自己的環境瞭解得越多，就越有可能度過迎接我們的每一天，而不用去猜測我們的一舉一動，這多少令人感到欣慰。我們都想把事情做好，因為當我們把事情做好時，便感到我們的世界安全無虞。因此，當我們從兒童成長為成年人時，我們會發展出一套行為處事的方式，並希望事情按照我們所想的方式去做。我們訂定了個人的規矩，這帶給我們一種安全感，我們知道自己身處何處，事情會如何發展，在任何特定的時刻要怎麼做，直到生活拋給我們一顆變化球，我們不知道該如何面對為止。我們的安全感開始分崩離析，發現自己陷入困境，想要抓緊一切可以讓我們重新找回安全感的方式。這可以意指任何事情，從取消的航班，到我們需要重新安排組織我們的計畫，以及面對突然的傷痛。

生命中絆倒我們的往往是小事。無足輕重的細節突然間被放大了看，變得異常重要和緊迫，因為我們把所有的關注都放在其上。日常生活的導火線一觸即發，容忍度也跟著下降。當我們把對世界的不滿投射到其他人身上時，我們的眼裡容納不下一粒沙。或者我們選擇專注於任何不需要我們投注任何形式情感參與的事情，有條不紊地進行著我們的一天，就像一個人工智慧機器人一樣缺乏活力。在這種情況下，我們封閉了自己。當我們需要一切都準確無誤和「恰到好處」時，那是因為我們已經讓自己進入了一種狀態，覺得事情如果不是按照我們所想的去做，我們便無法應付。因此，當我們等待內在的褓母、仙女或獨裁統治者出面拯救我們，我們發現自己一次又一次對著每個人發出吠叫或是用力捶打坐墊，不妨把此當作一個跡象，表示我們正陷入困境，並且想以任何方式奪回我們的立足點。

處於變動的狀態就其本質而言是令人不安的，所以忙碌可以作為一種解脫，至少在當下，它讓我們覺得我們在做一些建設性的事情。但它的真正含義是儘管我們關注一切，卻沒有解決真正的問題。我們宛如倉鼠般不停繞著輪子跑，彷彿把這當作重要的差事，而可以避開去關心任何值得我們關注的潛在問題。我們這麼做無非是在分散自己的注意力。儘管我們不得不承認，當我們遭到焦慮吞噬，會帶給我們一種事情在我們掌握之中的虛妄感，因為至少我們可以控制焦慮的情緒。這也意味著在我們擔心的時候，我們實際上不需要採取任何行動，當你六神無主的當下，這或許可以帶來些許安慰，但這種安慰很短暫。曾幫助許多猶太人逃離納粹的柯麗・登・布姆（Corrie ten Boom）說過這麼一句話，貼切描述了焦慮帶來的效應：「焦慮不會帶走明日的悲傷，卻會帶走我們今日的力量。」我們最終所做的是關閉了我們自己的本能和直覺，這非但沒有幫助我們，反而使我們感到更加脫節，反過來說，我們因為失去了感知任何東西的能力而感到焦慮。在壓力和焦慮之中，我們失去了與自己的連結，使我們感到更加不安，因此覺得需要更嚴格去控制一切，而成為一個惡性循環。

這和我們無法按照自己的節奏行事的感覺一樣。我們感覺自己在生活中如履薄冰，不斷試圖預先阻止可能出現的情況，如此一來卻變得更加焦慮。我們感覺到沒有任何事能夠幫助我們掙脫束縛，安定神經，或者當我們的內在處於一種焦慮的狀態時，能夠化解焦慮。

首先，我們必須停下來，按下一切的暫停鍵，退後一步。然後，我們需要減壓，釋放所有壓抑的能量，並與自己重新連結。最直接和有效的方法是回到當下。遠離任何思想，回到身體中來。最快的方法是透過我們的呼吸。如果你是一個天生就會焦慮的人，不妨做一個簡短的呼吸冥想（就像下面所介紹的），不僅可以幫助你解決焦慮帶來的症狀，比如呼吸過淺以及無法感知你的身體，伴隨著時間過去，你也將會建立起你的復原力，如此一來當生活確實令你感到不安的時候，可以很快再次找到你的平衡。

同樣的，這是關於建立一個嶄新的習慣，所以每一天都會出現巨大的變化。它帶給你一個穩定自己的機會，讓你的心靈有機會花幾分鐘停下來，稍做休息。當你這樣做的時候，你就是在與你的心靈結交朋友，一段時間過去，你會感受到回饋。記住，就像對待一匹野馬一樣，這是一個建立信任的問題。你對自己的心靈空間瞭解得越多，你就越能放鬆。

鑽石呼吸靜觀

以下的呼吸靜觀在你陷入焦慮時非常有效，因為它帶給思想足夠的關注，把你從占據你思想的任何東西中解放出來。這是一個快速練習，你真的可以隨時隨地做。這一點很重要，因為當我們焦慮的時候，往往會覺得除了關注在焦慮感之外，沒有時間做任何事情。我們需要全神貫注，我們感到太緊繃，不相信自己可以做其他事，更不用說解決了。我們被我們的焦慮狀態所吞噬。

這個冥想靜觀需要不到一分鐘的時間來做。它的力量在於有足夠的時間來吸引思想的注意力，使你免於陷入困住你的思維迴圈中無休止地繞著它打轉，而它所花費的時間又足夠短，足以阻止思想的游離。你可以在睜開眼睛或閉上雙眼做這個冥想。

・有意識地做幾次緩慢的深呼吸。

・然後吸氣數到四，屏住呼吸數到四，吐氣數到四，屏住呼吸數到四。這就是一個完整的循環。

・這樣重複四次。

到最後你會感覺平靜一些，焦慮的強度會降低些，甚至可能會消失。你會發現很難再回到之前陷入的思路中或是焦躁不安的感覺。我會在每個委託客戶的治療前，做同樣的呼吸練習，但要數到七：吸氣數到七，屏住呼吸數到七，吐氣數到七，屏住呼吸數到七。重複七次。這是淨化心靈的有效方式。

鬆開緊握的手

使自己受制於歡樂束縛的人，
將摧毀其展翼的生命；
在飛翔的喜悅中親吻它的人，
將生活於永恆的黎明。

He who binds to himself a joy
Does the winged life destroy
He who kisses the joy as it flies
Lives in eternity's sunrise

——〈永恆〉（Eternity），威廉．布雷克（William Blake）

安地斯山脈的薩滿巫士們有一個貼心而深刻的舉動，就是把他們過度依賴的東西還給大自然。他們明白，生活中讓我們痛苦的東西，既可以是我們的夢想，也可以是我們的噩夢。肉體或情感上的痛苦和損失，包括我們堅持的欲望或是渴望的財富，這些東西使我們脫離了享受當下。他們透過將祈禱文吹向「金杜」（Kintu）來實現這一目的。「金杜」是蓋丘亞語（Quechua），意為神聖的祭品，由三片精心挑選的古柯葉所組成，疊放在一起。這三片葉子分別代表我們在此保留了過去的傷口的下層世界，還有我們現今生活的中層世界，以及代表了我們命運歸宿的上層世界。把阻止我們在現今過著滿足生活的任何阻礙吹入金杜的過程，將使我們擺脫欲望或傷害對我們的控制，並將我們的控制欲望交還給宇宙，放下任何渴望。巫士們將金杜舉在手中，首先召喚聖山（Apus）、太陽（Inti）、月亮（Killa）、星辰（Chaskas）和大地之母帕查瑪瑪（Pachamama）在場。然後，他們將願望、希望、夢想、痛苦，以及讓我們陷入痛苦的想法，或是任何使他們與生命的自然流動不同步的事物向金杜吹去。然後他們將金杜放入口中咀嚼，然後再把它扔到空中讓風帶走，或者把它放在地面上。

當改變是由我們自己造成的時候，我們中的大多數人對此都可理解，因為覺得自身對結果有責任。改變是我們的選擇，所以感覺在我們的控制範圍之內。然而，當改變不是我們所為，而且超過我們所能控制時，它就變得令人生畏。我們很難隨波逐流，隨遇而安。在我們的生活中，我們都有自己的偏愛，並不想去改變。這麼做很好，也很健康。然而，當我們對某個人、夢想、欲望、恐懼、想法或歸屬的依戀變得十分強烈，以至於它籠罩了我們的世界，並使我們對其產生執念，它將會給我們帶來真正的痛苦。因為當我們變得對其過度執著，將面臨生命遭遇窒礙難行的危險。這並不是指我們必須避免對任何事物產生依戀，只是我們必須意識到，我們是如何對事物出現依戀的問題——它們是我們痛苦的根源，當我們過於緊緊地抓住它們時，它們會阻止我們真正去自由地生活。如果我們對於某事或是某物過於執著，那麼與其相關的一切都有可能給我們帶來痛苦。這就像被一個粘稠的蜘蛛網所束縛，它像膠水一樣粘住你，你的生活將脫離生命的自然流動。

我們可以從身體的徵狀來看待我們內在的問題。因此，如果你不喜歡去看牙醫，當你在行事曆中看到你有一個例行檢查時，痛苦就開始了。你開始擔心，如果你像我一樣，恐懼感將會占據你的心思。擔心和恐懼只不過是想法而已，但這些想法一直籠罩著你，直到你真正走進牙醫診所。另一方面，疼痛所指的是比如牙醫在局部麻醉劑生效之前就開始切除你牙齒上的神經。而與疼痛不同的是，痛苦通常有一個明確的開始和結束，而折磨則更難掙脫，因為它就像一個持續的聲響，沒有明確的開始或結束。

佛陀坐在他的菩提樹下實現了一切。佛教的核心教義四聖諦探討了我們受苦的所有不同方式，更重要的是教導我們如何克服。佛陀體會到所有的情感都有可能給我們帶來很深的痛苦，甚至還有愛。他看見這種痛苦遠遠超出了身體上的疼痛或疾病，它是一種情感上的痛苦，只要我們用思想的能量來餵養它，它就會生存下去。道理很簡單，當我們拒絕接受自然法則時，我們就會向痛苦敞開自己。

痛苦和折磨有很多表現形式。喪親和心碎很容易識別，但它同樣也具有其他微妙的形式。這種痛苦存在於我們所堅持的夢想中，存在於我們所渴望的財富中，還有存在於我們所認同的渴望之中。我們的痛苦在於我們如何將自己與一個個悲劇事件連結在一起。它是一種對失落感做出的反應，這種感覺似乎使生命停滯不前，把我們凍結在時間裡。當我們處在這樣的境地時，我們不知道如何從中獲得解脫，甚至不知道是否真的想要掙脫。它可能來自於你執著於追求完美的時刻，然後在未來遭遇一切時，才發現它們都有欠缺。它也可能來自對愛的渴望，或者，一旦你找到了愛，深怕它會不知何故從指縫中溜走。或是來自於你太愛一個人，以至於你生活在持續的恐懼中，時刻擔心他們會遭遇不測。它堅信你不可能得到快樂，除非你達到一定的目標、得到那份工作、擁有那輛法拉利，或者減掉十公斤體重，然而一旦你得到了這些東西，你將會開始擔心你可能會失去它們。痛苦來自於當你意識到擁有地位、法拉利或減掉十公斤體重的短暫快樂並無法填補你的內在空虛，也無法撫平內心深處的痛苦。如果我們對於某個人、某件事、某個時刻或是某項財物抓得太緊，我們實際上等同於拒絕接受我們的情緒會有所改變、人與人之間的關係會產生變化，有形物體會破碎的事實。

當我們把讓我們痛苦的事情吹向金杜，我們象徵性地切斷了我們對夢境或噩夢的依戀。這就像告訴宇宙你想要什麼或不想要什麼，不再緊抓住事物的結果。透過將氣息吹入葉子的動作，等同於把氣息吹向你生命中被卡住的地方。這是一種解放你自己的行為，如此一來你將能夠重新與當下相連結。

安地斯山薩滿巫士的「金杜」儀式

這是一個儀式，所以在每個階段都要慢慢來。傳統的金杜是用古柯葉製成，在英國買不到，所以我喜歡去我住處附近的公園裡從地上拾起幾片小葉子。花點時間在盡可能撿拾狀態良好的葉子。這些葉子不需要「完美」，只要沒有裂開或是破損即可。如果它們的大小各異，把最大片的葉子放在後面，最小片的葉子放在前面。我建議你自己出去找葉子，因為尋找葉子的過程本身就是一個很好的冥想；一個讓依附之物浮現的機會。

對於腦中浮現的首要依戀之物簡單地做一個金杜。靜靜地坐在某個角落，讓自己沉澱下來思索這個執著如何影響你的生命的自然流動。留意你在這個執著上面投注了多少能量、注意力和時間。

・握住金杜，召喚自然界中對你重要的地方。安地斯巫士召喚他們生活在旁的聖山，這對他們來說是一種力量，但你也可以召喚任何對你有特殊意義的地方。或是召喚公認的能量場，如英國的巨石陣、澳大利亞的烏魯魯或印度的恒河，也可以是你長大成人的四周圍土地。這是你的選擇。挑選那些在你心中占有力量的地方，與你產生共鳴的能量。

・然後把金杜拿在手裡，把葉子朝上，閉上眼睛，與引起你渴望、苦惱或感到痛苦的任何東西連結起來，並朝葉子吹口氣。

・當你把你的痛苦的能量交給了金杜，便形同把它交還給自然。你很可能不是使用古柯葉，所以不要咀嚼金杜。把它交給風，或把它放在室外感覺合適的地方。

與所有薩滿教儀式一樣，不必過於拘泥於儀式。不要擔心會犯錯或出錯。一切關乎你的意圖而非儀式是否完美。

穿越界限

只有一種自由，就是用死亡來擺平自己。此後，一切皆有可能。

There is but one freedom, to put oneself right with death. After that, everything is possible.

——阿爾貝・卡繆（Albert Camus）

說到我們對未知事物的原始恐懼，對我們大多數人來說，最大的恐懼無非是死亡。我們一生都在不斷地趕往別的地方，把當下當成是達到目的的簡單手段，卻從來沒有真正思考我們最終的目的究竟是什麼。死亡是眾所周知的「房間裡的大象」，我們試圖避開去談論這樣的話題，希望如果它不被人看見，就不會發生。這並不是一個禁忌的話題，但是沒有人真正願意談論死亡，而當有人談論起這個話題時，它要麼被認為令人沮喪，要麼更糟糕的是令人感到恐懼。我們可以做身體的駭客，像小獵犬一樣抓住生命的腳踝，試圖挑戰時間，永保青春，但無論我們是否獲得啟示，或被注射了防腐劑，我們的身體總有一天會死亡。不管你把死亡看作是一種終止，還是一種轉變，如同毛毛蟲沒有意識到自己即將變成美麗的蝴蝶，一切取決於你個人的信念。然而，當我們的身體停止運轉時，比起我們擔心將會發生什麼事或不會發生什麼，更重要的是，不要讓對死亡的恐懼阻止我們在活著的時候感受完全自由，並好好活著。

巫士們相信除非我們對於自身認為的一切想法，或是我們認為自己是誰的想法「不復存在」，包括我們的身份、我們的信仰和我們的社會熏陶在內，否則我們就不能真正活著。這是一個悖論，但是自身想法、念頭的消失，卻是使我們活著的關鍵。對許多人來說，他們第一次真正開始興致勃勃地過活，是在他們被迫與死亡面對面，並且活了下來之後。這種經歷使他們擺脫了恐懼、「應該」和「不應該」，以及我們在生活中必須遵守與謹記在心的所有規則。然而，我們不必等到生活真正發生危機時，才開始去過著意義上的自由。我們也不必不斷地想出一些挑戰死亡的壯舉，例如與大白鯊玩捉迷藏。我們只需確保我們不是活在自動駕駛的狀態下生活，這樣，當我們真的嚥下最後一口氣時，我們就不會對我們這一生到底做了什麼感到遺憾。

當你回顧你迄今為止的生活時，或許曾經有很多定義你的世界、你認為是必不可少的東西，但現在它們已經脫離並消亡，你不再被年輕時的擔憂和在意的事所困擾，這是一種解脫。我們可以回頭看看我們當時認為生死攸關的事情，實際上並非那麼重要。我們也可以回顧一下，看看我們的恐懼以及／或是不安全感，在人生的不同時期，在哪些方面阻止了我們前進，使我們的世界變得狹小。把自己從陳舊的信念中解脫出來，永遠不會太晚。當我們這麼做的時候，我們的世界會更加開闊。也許我們吐出的最後一口氣只不過是另一個獲得自由的過程。

儘管你對於死亡的想法或許有限，但它並不是你認為的那樣陌生。你認為你必須等到死神來了才知道死亡是怎麼一回事，是一種謬論，因為它已經在你的日常生活中扮演了一個角色。事實上，它是我們每一天都會遭遇到的經歷。每個夜晚我們都會為白晝而死；我們閉上眼睛，關閉我們對世界的感官。當我們進入深度睡眠時，我們從所知的生活中消失，前往未知的世界。每天夜裡，我們並不知道是否能夠造訪我們在清醒時無法找到的夢境，或者只是單純經歷一場放鬆的空白。即使當我們覺得生活宛如遭遇一場森林大火，而且當下看到的只是破壞，然而就像真正的森林大火一樣，總會有新的生命，在野火燎原之中生長。生命的一切來來去去，作為持續不斷轉變的循環週期的一部分。如同推／拉、陰／陽或吸／呼一樣，出生和死亡都是生命的一部分。當你把它們看作是一個循環週期的一部分，而不是一條直線時，它就變得很清楚。生與死並行存在，它們使循環週期不斷地轉動，成為一個永恆延續的一部分。在每一次呼吸中都有一個微小的出生和死亡發生——在你下一次的吐氣之後，試著屏氣，你就會清楚這是怎麼一回事。有件事是肯定的，出生總伴隨著死亡而來，它們像連體嬰兒一樣連在一起。你不可能只有其中一個而排除掉另一個。當你讀到這裡的時候，你身體裡有成千上萬的細胞正在死亡，成千上萬的細胞正在誕生。我們繼續在循環週期的轉變之內開展。沒有有限的時刻。就像我們在出生前就存在一樣，我們可以假設我們在死後也會存在，而且生命是不斷變化的。就像天空中的雲變成了雨，變成了小孩子玩耍的水坑，或者在炎熱的夏天晚上變成了雞尾酒中的冰塊一樣，也許我們在離開身體之後仍會經歷一場持續的冒險。我也許受過薩滿訓練，但由於我尚未經歷過死亡，對這一切我同樣感到未知。

持續不斷變化

沒有人在同一條河裡走過兩次，因為那不再是同一條河，他也不再是同一個人。

No man ever steps in the same river twice, for it's not the same river and he's not the same man.

——赫拉克利特（Heraclitus）

有生命的地方就會有變動，就像出生和死亡一樣，兩者相互並存。你的手機、一隻飛蛾或一座山的壽命會有所不同，但無論這種變化看起來多麼無形，世界上的一切都處於不斷變化的狀態之中。生活中沒有什麼是永久的或固定不變的。我們可以從理智上理解，無常是一個伴隨出生—死亡—出生的迴圈，但我們大多數人只願意關注我們認為更好的那一半迴圈：也就是關注出生而不是死亡，關注上升而不是下降的部分。然而，只有當我們能夠接受整個迴圈，並停止抗拒不太吸引人的部分時，生命才會真正開始緩和。

儘管我們試圖讓生命以適合我們的速度發展，但萬事萬物都有自己的時間，這些單獨的時間是無法強迫或受到控制的。你不能用錘子打開一朵花，或是你決定把樹葉黏回樹上，因為你喜歡春天而不是冬天，冬天還是會來。當我們放開對生命的束縛時，我們便讓生命的流動不費吹灰之力回到它的軌道。

生命是一段舞蹈，所以我們需要靈活和輕盈的腳步，以及一個靈活的頭腦以便適應其不同的節奏，進行相應的調整。當我們變得僵硬或堅持認為一個事件需要以特定的方式進行時，我們就把自己從生命之流中分離出來。這就像一個舞者站在原地，因為他們聽不到音樂；當變化切斷了我們與自己的自然生命流動之間的連結，我們會發現自己不斷地掙扎著尋找我們的立足之地，把變化看成是混凝土還是水，兩者之間的區別是很有幫助的。水會與環境發生反應，而混凝土則是固定不變。我們會希望更像水，這樣我們就不會失去利用我們的本能和感官的能力，在事情不按計劃進行時幫助我們。

改變不僅難以避免，而且是為生命注入活力。當我們意識到我們不需要控制生活，只需要適應和順應它的能力時，便會出現「頓悟」。當我們感到毫無立足之地時，我們需要學會的是飛翔。

即使這種變化不是我們選擇的，它使我們失去控制，我們仍可以依附其上。如果你把變化想像成河流中流動的水，我們不需要與水流對抗，試圖逆流而上。我們也不必試圖控制它，在我們經過時抓住每一根頭頂的枝條。如果我們要想怎麼做，只會讓自己筋疲力盡，使我們待在河水裡的時間成為一場噩夢。但是，如果我們放手，讓河水帶著我們，一切將變得毫不費力，當我們想要稍作休息時，我們只需要游到河邊，在河岸上休息一會兒。這就是冥想，一個在我們日常生活中按下暫停鍵的機會，走出河流，花點時間靜下來。

意外的變化使生活保持一種自發性，使我們保持警惕。它提醒我們，我們的生活不是一個需要打勾的代辦清單（當我們採取這種方式時，將產生一切痛苦）；它是一個充滿了我們不完全理解，充滿神秘的史詩般的冒險，由無盡的曲折組成。更重要的是，它將不斷推動我們走出舒適區，鼓勵我們超越自己對生命的有限認識去體驗生活。幾年前，當我嘗試打高爾夫球時，有人告訴我，要像握住一隻小鳥一樣握住球杆。握得太緊，我可能會殺死它，握得太鬆，它可能會飛走。這個提示讓我記憶猶新。它對我打高爾夫沒有幫助，卻對我的生活提供莫大的幫助。

輕裝旅行

自從我被迫停止認真對待生活以來，生活變得難以估量的好。

Life has become immeasurably better since I have been forced to stop taking it seriously.

——亨特・斯托克頓・湯普森（Hunter S. Thompson）

維持對生活的控制可以成為一件非常嚴重的事情，嚴重到對我們產生影響。我們很容易陷入某件事或最後期限的重要性中，而與那個輕鬆的自己失去連結。這是一個得嚴正看待的問題，因為對我們的福祉來說，享受樂趣至關重要。每當你被日常生活壓得喘不過氣，一旦跡象出現，你覺得整個生活的樂趣已經蒸發殆盡，得直接去尋找任何能讓你發笑的事物。因為「放手」、「流動」、「放鬆」或「重新找回自己」的最快方式是透過大笑，其效果立竿見影，身體將得到放鬆，平衡將獲得恢復。

我們把生活看得太過嚴肅，並為做好每件事而過度焦慮，但我們也可能把自己看得太嚴肅。我們很容易被任何影響我們對於自我認同的事件所冒犯，但實際上唯一受到傷害的人會是我們自己。能夠笑看生活和自己，將獲得令人難以置信的自由。

我們都可能認識一些人，他們追尋靈修，或只是想好好過生活，但卻陷入一個對他們能夠做什麼或者不能夠做什麼、限制過於嚴苛的陷阱中：想喝杯咖啡或雞尾酒，但又擔心這對他們的身體不利，或認為這表示他們不是真正的靈修者；總是過度擔心他們是否做到他們應該做的一切。所有靈性教義和實踐的全部目的是提升你的生活，而不是限制它；是幫助你在生活中找到自由，而不是把你放在另一個窠臼裡。靈性教義的存在是為了幫助我們保持平衡，並在我們跌倒時告訴我們如何恢復這種平衡，為生活帶來深刻的幸福。有時，保有靈性最好是放在裝有冰塊和檸檬的杯子裡那般，被你的朋友們所包圍。

生活會向你拋出任何東西，有時開懷大笑比起一本正經幫助更大。它當然是釋放精神緊張的最有效方法之一。保持輕鬆愉快的心情，好處是它對我們的幸福感和靈性有正面的影響。

事實上，笑聲或許是你最能接近靈性的方式。最偉大的冥想之一就是在大笑中發生。因為當你發自內心在笑的時候，在那片刻間，你實際上處於一種深度冥想的狀態。你很難一邊笑一邊思考。當我們捧腹大笑的時候可能是我們能體驗到內在完全安靜的少數時間之一。

要是你認為靈性修持意味著你需要以認真、莊嚴、嚴肅的方式對待生活，「別惹我笑，我正在靈修」可能是最滑稽的想法。你只要看看達賴喇嘛尊者以及其他偉大的靈性領袖的照片，就知道這不可能是真的。我有幸參與學習和工作過的所有最具智慧的人之間的共同之處便是，他們全都帶著一種孩子般的天真和輕鬆的態度。他們能接觸到生活之美，因為他們能與生活一起流動。這並不意味著他們不認真看待自己的工作，他們只是不會嚴肅以對。這種輕鬆的態度並不意味著他們沒有自己的擔憂和掙扎要應付，他們只知道擔心和憤怒對他們沒有任何幫助，只會耗去他們的精力，寧願將這種精力用在其他地方。

遵循靈性修煉或僅僅遵循教義和修煉，不要覺得是一件苦差事，或者列入你個人應做的清單中。當我們處於平衡的狀態時，當我們找到自己的自然流動，那麼靈性和生活將成為一體。靈性不是一種存在的方式。靈性**即是**存在。當我們處於流動狀態時，我們與過去最偉大的靈性領袖沒有什麼不同，因為我們不以自己認為的方式存在。保持輕盈意味著保持謙遜。生活是要享受的，不管你是什麼年齡，這份樂在其中的感覺，對生活的壓力來說是一帖療癒的補藥。在輕裝上陣的旅途中可以找到莫大的療效。

步驟七——

你還是你

無限的靜止

我們從虛無中旋轉而來，像塵埃一樣成為散落星子。

We come spinning out of nothingness, scattering stars like dust.

——魯米（Rumi）

接下來的四個步驟皆是關於記憶與重新連結。我們將重新發現我們內在的靜止，存在於我們生活周遭一連串的思想、行動和感官吸引之外。它意識到我們不是一個獨立的實體，在我們自己的生活中踽踽獨行，而是存在於一個具有非凡創造力的網絡的一部分，我們與一些相較於我們的生活日常、微小世界更大、更宏偉的東西相連結。它記得我們不僅僅是自然的一部分，我們**就是**自然；就像海浪與大海不相分離，海浪**就是**大海。

在這種靜止之中，我們重新連結到貫穿我們所有人並賦予我們生命的自然意識。在我們認為自己是誰的想法背後，一個持續不斷的純粹意識流動——我們戴的面具、講的故事、我們相信或不相信的事情。

靜止是你自身的超級秘密武器。它不僅僅是一個喘息的機會，或是你生活需求的避難所，它為你開啟一個無限的源泉，你可以從中找到靈感、意義和目的。你的天賦便是從你內心深處的無限源泉迸發出來。

寂靜的聲音

一個古老寂靜的池塘……
有隻青蛙跳進池塘，
噗通一聲！又是一片寂靜。

An old silent pond...
A frog jumps into the pond,
splash! Silence again.

——〈古老的池塘〉（The Old Pond），松尾芭蕉（Matsuo Bashō）

◆

想像一下，在一個炎熱的夏天，從船上跳進美麗的藍色大海。在你周圍，大海充滿了生命和律動。停泊的大船搖搖晃晃，人們在甲板上曬太陽；五顏六色的小漁船在中間來回穿梭。帆船、風帆、遠處的水上摩托車聲音、在海灣周圍游泳聊天的小團體，以及在岸邊小碎浪中玩耍的孩子們的嬉鬧聲。觀察來自每個方向的一切。用你所有的感官去感受那裡，感受所有不同的景象和聲音，感受大海的氣味，感受你的身體在冰涼的海水中的感覺。然後，當你準備好了，讓你自己沒入海中。當你落到水面下時，你會被大量的小魚包圍，有些漂亮，有些不那麼漂亮，都在飛快地游動。有的魚忙著從水面上抓取食物，有的只是忙於在海中穿梭。然後讓自己再沉下去一點。現在你注意到魚群之間有了更大的空間，你看到奇怪的大魚慢慢的游動，充滿自信和目標。現在讓你自己再往下沉，當你這樣做時，注意到整個世界是如何朝你開啟。你注意到一種無聲的靜止，但不是那種你在周日吃完大餐後或晚上入睡前癱坐在電視前時可能感到的沉重、厚實的放鬆。這種靜止帶給你一種清晰和新鮮的感覺，它感覺很自然，就像你步入了某種永恆的狀態。你周圍的一切都非常有活力，你也是如此。一切都很平靜。當你停留在海底時，你仍可以看到海面上的世界，然而你現在同時也可以看到，如果你待在海面上，只能憑想像見到的東西。

海面上的一切——所有不同的船和所有的人——是我們生活中的所有外部噪音，爭奪我們的注意力。無論我們往哪邊走，都會抓住我們的感官。這就是日常的生活的一切，除了日常生活中的各類噪音，還有新聞、意見、評論、八卦、電話、電子郵件和約會。所有的這一切都十分引人注意，有些有趣，有些則不是如此。在水面下游來游去的小魚是我們的思想和感覺，它們以發生在我們身上的不同的事物為食，不斷對世界和日常噪音的不同片段做出反應。它們代表了我們腦海中的一切，我們咀嚼這些東西，或者讓這些東西反過來咀嚼我們。

在我們身旁通過游的較慢的大魚則塑造了我們的限制性信念和條件。它們的作用不大。它們的工作只是提醒海面上的魚兒它們的存在，它們透過投下的陰影來這樣做。在海底最深處是一種安靜與靜止。這是一種澄澈的靜止，它完美地平衡了海面上的世界。

海水表面的世界是如此繁忙，我們不會想到其它超越海面上躍動的魚兒，或者不在肉眼可見的東西。海面上的一切不斷地想要吸引我們的注意，而我們可能忘記了，如果我們稍微深入一點，放慢腳步，我們就可以隨時與這種寧靜重新連結。正如當我們試圖從表面往下看時，我們無法看到海底的生命，當我們總是忙著「去做」一切時，我們便無法體驗存在於「存在」中的世界。如果我們想體驗這種存在感，我們必須把自己從所有注意力中抽身出來，才有辦法做到。這麼一來，我們不免想知道為什麼我們不常這樣做，因為靜止不僅提供了新的探索層面，而且也帶給我們滋養的喘息。

靜止是一個無限的空間；一個我們可以走出時間，進入警醒的清靜境界。在靜止之中我們獲得了自由。它通常被稱為「無心」，一種意識狀態，在那裡我們超越了「我」，體驗到與世界合而為一。我們不能離開它而存在，就像海浪不能離開大海而存在一樣。它是我們的一部分，我們也是它的一部分。

和諧共舞

能與自己和諧相處的人，也能與宇宙和諧相處。

He who lives in harmony with himself lives in harmony with the universe.

——馬可．奧理略（Marcus Aurelius）

一切古老的靈性傳統教義和實踐的核心都是為了幫助我們與這種內在的靜止重新建立連結而創造。在你閱讀的靈性書籍或遵循的特定傳統中，你經常會聽到這種靜止被描述為「神聖的」，因為它描述了一種意識的流動，或被稱為「覺知」或「真正的自然」。它是一種普遍的靈性和生命力，在我們的時間概念之外流動，貫穿我們每一個人，為我們提供想像力，並將我們與比起自身更加宏偉的東西相連結。

對於任何尋求目的和生命意義的靈性追求者來說，挖掘這種普遍存在的能量簡直就像是追求人人都想得到的聖杯。這就是為什麼我們之中有一些人環遊世界，試圖滿足內心的不安，告訴我們自身並不完整。我們可以從靜坐冥想的僧侶和表情溫和、無所不知的智者身上看到那種完整和平靜的感覺。他們似乎都體現了一種深刻的永恆智慧，我們或許體認到這一點，卻似乎不記得我們自己也擁有這樣的東西。的確如此。事實上，靜止並不是我們必須去尋找的東西，因為我們都擁有它。即使在我們經歷最糟糕的時候，感覺最脫節的時候，它也一直都在。即使我們想要也擺脫不了它，因為它是為我們注入生命的。因此，靈性追求似乎看來是任何人都可以開始的最愚蠢的追求——四處奔波尋找我們已經擁有的東西，但這個旅程絕不是一些浪費時間的追尋之旅。它是必不可少的追尋。它充滿了你在其他地方無法獲得的經驗，而且可以從中得到很多樂趣。沒錯，這是真的，你不需要到遙遠的山頂去尋找它，也不需要經由大師傳授，但就像你會聘請一個教練來幫助你做練習，或者你若想在偏遠地區徒步旅行就得帶一個嚮導，從擁有這方面知識的人那裡取得指導，才是明智之舉。即使知道這段旅程會帶你走入一個完整的迴圈，並簡單地向你揭示一些終究屬於你的東西。這就像重新發現一個被遺忘的天然泉水的道理一樣。

知道如何與我們內在的靜止做出連結，其好處是難以估計的。如同一座山在每一個季節裡都是沉默而強大的，當我們被噪音和混亂包圍時，我們也可以保持不動如山。想像一下，當一群年輕的孩子在你周圍無休止地奔跑時，你不會被他們狂熱的能量所影響。我們內在的靜止帶給我們一種穩定，確保生活中任何大小事都不會給我們帶來絲毫困擾的力量。即使我們的大腦遭受大量思想的衝擊，就像暴風雪中的山一樣，依舊維持靜止的狀態。知道這一點很重要，因為我們今天的生活節奏和要求似乎堅定的要讓我們盡可能遠離這種靜止的狀態。

隨著世界持續不斷創造出越來越多的方法來分散我們的注意力，我們集中精力專注做任何一件事超過幾秒鐘的能力已經消失了。根據科學家的說法，我們現在的注意力比金魚還要短。他們的注意力可以持續九秒鐘，而我們據說只能做到八秒鐘。這並非對現代世界的嘲弄，也不是說我們的祖先過的生活比我們好，他們未必如此。生活的進步是非凡的和令人興奮的，但我們需要記住，外在的世界不過只是一半的圖畫。

太極是取自道教的陰陽符號，是一種古老的中國哲學，反映了陰陽平衡的藝術。它是由一個被兩個漩渦分割的圓圈組合而成。陽是白色的漩渦，代表動、活力和火。陰是黑色的漩渦，代表無為，柔和和沉靜。每個漩渦中都各有一個顏色相反的點，以彰顯相互對立又彼此依存的概念。它們是兩種相互對立的力量，卻又相互依存。它們就像白天和黑夜一樣不可分割，像太陽和月亮一樣具有同等的重要性。這與一個是好的，另一個是壞的，或其中一個優於另一個並沒有任何關聯，它們是同等重要的。正如一個健美運動員知道，肌肉是在身體休息時形成的，而不是在你真正在健身房裡舉重的時候。因此，將陰帶入你的生活並不是主張讓你無所事事；就像陽需要陰的平衡，陰需要陽的構成。一個杯子是空的（陰），得依靠周圍建立起來的結構（陽）——你需要兩者才能喝到你的早餐茶。

我們周遭的物質世界為陽，相對於代表我們內在靜止的力量則為陰。當我們與這種內在靜止脫節時，就會感到不完整；我們感覺到生活中像是缺少了一些東西，無論它多麼充實。這是一種無法消解的空虛感，也是一種我們永遠無法說清楚的斷裂感，因為我們大多數人都為陽。我們失去了平衡。

很明顯，陰與陽彼此相互依存，但我們的現代世界傾向於忽視這一點。當我們處於陰的狀態時，我們是接受體；陰若是聆聽，陽則是訴說。然而，我們都只著重在「行動」的部分，因為我們似乎認為「在場」只不過是懶惰的另一個說詞。如果陰陽的比例不對，那麼我們感到失去平衡也就不足為奇。就像燃燒得太快的火焰一樣，我們正讓自己處在燒毀的過程中。這使得現在世界上有許多人口正在與慢性疲勞、抑鬱和焦慮相互抗衡的事實，變得更容易理解得多。如果我們不把陰放在我們的生活方式中，至少稍微平靜一點，包括我們過度活躍的大腦在內，身體就會為我們做一些陰陽平衡，如果有必要的話，強行讓我們慢下來。問題是在西方我們整個教育的重點是以陽為出發點，所以我們從來沒有被教導過陰陽平衡的價值，以及當我們失衡時該如何重新調整。

「在場」是一種對於「行動」的恭維。我們都知道這一點。我們只是不知道如何以一種不顯得沉重或沉悶的方式來做這件事，或者唯恐引發我們對錯過的恐懼。就像太多的陽會使我們失去平衡一樣，過多的陰也會使我們失衡。在我們對待生活的方式上，缺乏任何行動或過於被動，都不是平衡和完滿的答案。我們需要兩者。當我們找到它時，我們將感覺「恰到好處」——正如《三隻小熊》（*Goldilocks*）的故事裡，金髮女孩在三隻熊的家中的遭遇一樣。

當你想到平衡時，不要把它看成是一個走鋼索的藝術家所需要的平衡；它不是那麼不穩定，它具有一種節奏，一種自然的起伏。我們不是要走一條永無止境的直線。沒有必要把生活看作是一個永久的挑戰。它是關於在和諧中，在自然的流動中。它是一種舞蹈，就像任何一位優秀的舞者一樣，我們必須腳步輕盈，以便在音樂變化時，我們可以有稍作喘息的空間。當我們的生活處於平衡狀態時，會有一種輕鬆的感覺。當有了平衡，我們便能夠進入靜止的狀態。

緩慢而簡單

致虛極，守靜篤。

——老子

我們可以像子彈列車一樣在生活中疾馳，但我們走得越快，除了速度本身之外，我們就越無法體驗其他東西，我們的生活變得越來越精簡和狹小。當任何東西都處在高速運轉的狀態時，要抓住它是相當困難的，所以可想而知，如果你決定在你的生活中飛馳，可以肯定的是你將與生活周遭的所有東西失去連結，包括你自己。任何人從飛馳的火車窗外看出去都知道，風景是如何變得模糊。

你有沒有問過自己，為什麼這麼著急？

如果我們總是專注於去別的地方，我們就永遠無法享受當下，或者，無論我們想去哪裡，一旦我們真的到了目的地，我們的思想就已經離開了，專注於下一個地點，然後是另外一個，如此形成一個迴圈。

我們的生活越充實、步調越快，我們就越沒有機會去覓得靜止。它不過成了一個存留在我們心裡的美好想法，一個我們沒有時間去實踐的想法。我們的大腦要求我們保持忙碌，使我們遠離這種內在的靜止，我們缺少一個中心來穩定我們，因此我們不僅感到混亂，而且感到迷失。而當我們越是感到與內在失去連結，就越容易受到神經官能症的影響。這是一種疾病，來自於與我們的核心和內在靜止的脫節。

當你覺得你失去了自我感，或者你發現自己納悶著：「這一切究竟是為了什麼？」你想把生活的目標和價值帶回你的生活，有兩件事你可以試著去做，將收到立竿見影的效果。第一件是放慢速度，第二件是簡化你的生活。這就像讓你的衣櫃裡只有幾件衣服般，簡化你的生活。把所有佔用寶貴空間的多餘東西都拿出來。沒錯：少即是多，多即是少。一旦你開始注意到你感到比正常情況下更焦慮，或者你受到情緒左右，就把這作為一個提示，擁抱最少的東西。向後退一步，有意識地放慢速度，直到你重新獲得平衡。放慢速度是生活中大多數事物的根本，但我們沒有從我們自己的角度來考慮它。這就是為什麼汽車有剎車，尤賽恩·

博爾特（Usain Bolt）不再衝刺馬拉松的原因。生活不是一場比賽，你也不是一頭駱駝。

正如你身體的肌肉需要機會休息一樣，你的大腦也需要休息，與我們一般人的想法相反，你的大腦真正得到休息的機會只有在冥想中。睡眠使身體得到休息，但對大腦來說，這段時間也同樣令人筋疲力竭，因為它將你一天的生活帶進夢中，如同你重新過了一天。同樣，這並不是指「坐在墊子上，背部挺直，以蓮花姿勢重複念誦咒語」的冥想；你可以從事一些簡單的事情，比如讓你的日常通勤不那麼倉促，而是多一些機會看看周圍，注意你周圍的世界正在發生什麼變化。有個簡單的練習是，將你的行走速度放慢到你的心跳速度。這可能意味著你會晚幾分鐘到達辦公室，但是等你到抵達辦公室時，你的頭腦會更加清醒，你的旅程會更愉快。當你的大腦忙碌的運轉時，你會感覺整個世界要往你頭上壓下來，專注於你的呼吸幾分鐘將幫助你重新調整。

山頂呼吸靜觀

這個呼吸練習是一個很好的練習，當你發現一切都在加速，你覺得自己正走向一個蟲洞。理想情況下，你可以坐下來做這個練習。

・先做幾次深呼吸，用鼻子吸氣，用嘴巴吐氣。吐氣時可以做幾個誇張的歎氣，這麼做真的有效。歎氣時發出聲音很重要——你的身體會把它作為放鬆的提示。在開始實際練習之前，至少做三輪這樣的練習。

・當你準備好後，讓你的呼吸進入自然的節奏，用鼻子吸氣和吐氣。

・現在深吸一口氣，緩慢地數到二，然後吐氣，緩慢地數到三；然後吸氣數到三，吐氣數到四；吸氣數到四，吐氣數到五；吸氣數到五，吐氣數到六。

・持續增加次數，直到你不能再做，你不必擔心喘不過氣。當你專注於你的呼吸時，讓你的大腦休息一下。

當你完成練習後，不要急於移動。想像一下到達山頂——再停留片刻，享受呼吸所開啟的靜謐。享受精神上片刻的寂靜。如果你的大腦想重新開始活動，再花一分鐘時間，進行前面提到過的五感冥想。注意在思想再次切入之前，你的大腦中所形成的空間。

創造一個避難所

當我們的大腦清晰、清新、安靜時，它就像一個靜止的湖泊，反映出它周圍的環境——

樹木、天空、月亮。它能看到一切。但是，當湖泊受到干擾時，湖泊唯一能看到的就是它自己。當我們的大腦忙碌時，我們無法看到自己的思想以外的東西。

這是為什麼幾個世紀以來，靈修人士選擇在山洞、自然界的小屋、僧院和修道院中長期隱居的原因。這或許是早年的靈性神實踐方式。有些人渴望不被打擾，以至於他們隱居至只有一個房間的小屋，一旦他們進入小屋之後，他們就用磚頭堵住入口。但是，他們沒有一個人是為了在「價值」排行榜上名列前茅，或甚至是為了在來世獲得任何獎賞而選擇退隱。他們這樣做是因為他們想體驗生活的其他層面，而當生活中的一切都在誘惑你分心時，將很難達到這樣的境界。看來你似乎必須是個瘋子才能做到這樣的地步，或許沒有個三分樣很難辦到；儘管它不適合一頭熱的新手。然而，我們或許可以在不走極端的情況下，對閉門潛修所創造的改變狀態有一個概念。當人們談論關於「神祕的經歷」時，他們暫時遁入了這些隱士歸隱的空間裡。

如今，閉關已經成為主流。然而，當我們想到閉關時，通常是在一個美麗的地方待上一周，做一點瑜珈，還有美味的營養餐點可以享用。它們是一個遠離一切的機會，在那裡我們可以將我們的生活交給一個簡單的常規，並在這一周裡想著為什麼我們不經常這樣做。我們向自己承諾，當我們回家後，我們將繼續保持我們全新建立起的健康習慣，一年後我們發現自己仍許下完全相同的承諾。當我們坐在五星級的山洞裡，俯瞰著僻靜的海灘，除了幾隻零星的蚊子，幾乎沒有什麼可以刺激我們的東西，這時我們很容易感到平靜，與世界融為一體。我們脫離了日常生活。要做到這一點訣竅在於，當生活顛倒失序，從裡到外被掀開來，我們需要每天都能在混亂和吵雜中進入我們內在的靜止狀態。

冥想練習本身就是一種閉門靜修。它是我們從一天的工作中抽身出來，與自己重新連結的時刻。我們越是有意識地從外部世界抽身，把注意力集中到內在，就越有可能體驗到靜止，無論我們在做什麼。就像你離開健身房後仍持續不斷鍛煉一樣，我們在冥想中的靜止時刻，也將伴隨著我們。

如果你覺得你的生活缺少一些這樣的甘露，可以從簡單地建立一個日常靜修開始，並根據你的情況進行修正。不一定非得遵行特定的程序，讓它對你來說是可行的。沒有任何獎勵積分，只要讓它成為你可以沉浸其中而不是害怕的事情。試著為自己開啟一扇門。我個人建議只需坐著冥想。正如已故的頂果欽哲仁波切所說：「冥想可以說是簡單的藝術：簡單地坐著，簡單地呼吸，簡單地存在。」讓它成為你沉浸於安靜的神聖時光。它不一定是某種固定的冥想技巧。也許每天給自己幾個鐘頭時間遠離電子產品，在沒有手機或音樂的情況下安靜地散步，或者多花些時間沐浴。在家靜修就是承諾在一天中按下暫停鍵，在一定的時間裡靜止下來。給自己一個星期，它將對你產生一定的影響。不要指望把它作為一種日常習慣來保持，不過如果你能做到，那就太好了。它也不需要是莊嚴或嚴肅的。我認識一個人，他每天早上十一點必定點燃一支雪茄。在抽那支雪茄的時間裡，他只是坐在那裡，平靜地享受著沒有任何工作干擾的片刻，這是他的日常生活儀式，當雪茄抽完後，又再回到自己的日子裡。

吐納之間

你的神聖空間是你可以一次又一次找到自己的地方。

Your sacred space is where you can find yourself again and again.

——約瑟夫・坎伯（Joseph Campbell）

美國原住民薩滿巫師將呼吸吐納之間的停頓視為是一個神聖的空間。專注於這個空間則是一種冥想技巧，它讓我們享有一個無物（no-thing）的時刻。在那一刻，我們消失了——我們感受不到分離的自我，只存在覺知。在吸氣和吐氣的間隙之中，存在一個完整的空——就像生產出一個完整的停頓般。日本人有一個類似的概念，是稱做「間」（Ma）的負空間。這個空間在兩個結構之間形成了自己的形狀，無論是花莖還是兩件家具。它是美學的一部分，它本身就是一種藝術形式。它不只是增加事物的深度和維度，也是充滿可能性的空。「間」是一種欣賞事物之間存有的空間，與事物本身一樣重要。它是兩個音符之間的休止創造的音樂，是一個語詞之前的停頓，喚起比這個語詞單獨所能夠表達的更深層的東西。詞語或音符之間的空間和詞語或音符本身一樣重要。萬物之間存有一個間隙。它是「陰」。它是空白中的靜止。它很容易被忽視，因為它是無物，它似乎並不重要，但這個空間並不是毫無意義的空白。我們通常專注於「有」，而忘卻了存在於「無」之中的優雅：未說出的話語、戲劇對白的停頓、傾刻間的反思都使你打開了一個完全不同的維度。

神聖的空間靜觀

在接下來的靜觀冥想中，重點在於掌握兩個想法之間的間隙。你可以坐著或躺著冥想，只要你覺得舒服就可以了，但最好不要採取會讓你在片刻之內打鼾的姿勢！

- 閉上你的眼睛。首先專注於你的身體。觀察你的呼吸——不要試圖改變它；只是觀察你身體的呼吸。享受那種完全不需要做任何事情的靜止感。
- 把你的意識帶到你的大腦中。留意你的思想——就像在看著鳥兒飛過一樣，看著牠們從你的眼前飛過，沒有任何需要或意圖與牠們打交道的欲望。保持著你正從遠處觀察你的思想這樣的意識，如此一來你可以把每個思想看作是一個獨立的實體。

・現在專注於一個想法和下一個想法之間的空間，無論多麼小，就像你可能專注於一隻鳥和牠們的下一個動作之間的空間一樣。留意之間的間隙。把你的注意力放在兩個想法之間的空間上。讓思想成為中間地帶的結尾。在這個無物的空間裡，享受靜止和安靜的感覺。

・拉開思想之間的間隙，彷彿空間把思想推得更遠。想像一下，潛入這個空間池中會是什麼樣子。留意在無物的狀態下是什麼感覺。當下一個想法試圖抓住你的注意力時，試著尋找標誌著空間結束和開始的那條線。

不必拘泥於遵行正式冥想的過程。一旦你習慣了，你就可以開始尋找一個思想的結束點，以及下一個思想開始前的間隙，只要你覺得合適，不妨試試。

超能力

當你懷疑自己是否能飛的時候，你就再也不會有能力這麼做。

The moment you doubt whether you can fly, you cease for ever to be able to do it.

——詹姆斯．馬修．巴利（J. M. Barrie）

◆

儘管瞭解靜止對於我們的安適自在的重要性，但如果僅僅把它看作是一個喘息的機會或一個避難所，那就大錯特錯。當你進入靜止狀態時，它將為你打開一個全新的維度。看待這種「靜止」的最好方式是進入一種沒有思想的覺知狀態，在這種狀態下，思想不會試圖阻礙你進入一個虛空的深層維度，在那裡，你可以發揮出創造力和天賦。我們都知道，當我們不試圖尋找答案的安靜時刻，我們自然會找到答案。當你能絕對清晰地看到該走哪條路或你需要做什麼決定的時候，就是靈光乍現的時刻。當我們的思想不會從中阻礙，我們的能力將變得無窮無盡，甚至像是個超人。歷史上不正是充滿了一般人完成不可能任務的神奇故事？

武術界有這麼一句諺語：「凡靜必有動，凡動必有靜」。如果你曾經看過有人練習太極拳或氣功，或者蘇菲派舞者不停旋轉的模樣，你就會體悟到這句話的意思。不管他們的四肢怎麼動作，你可以看到他們是從一個靜止的中心開始移動，就像暴風雨中的平靜。不需要行使太大的力量。它是一種毫不費力的能量流動。是一種動中之靜。當我們的心安靜下來，不覺得有必要參與時，我們都可以有這種體驗。

回想一下你在學習一項新運動或是新樂器的時候，那些尷尬、誇張的動作，你拼命想記住正確的順序、時機和最基本的動作需要的位置。一切都感覺很古怪，很不自然。一段時間過去，這些動作慢慢開始成為像是你的第二天性；伴隨所需動作的日益減少，你開始感覺到一股流動。你不再需要考慮接下來該做什麼動作，你可以隨心所欲去做。那些堅持下去的人達到了另一個水準，能夠在每個動作中展現最細微的差別，做出完美的表演。你可以在頂尖運動員和藝術家身上看到這一點，他們所有的練習在上場的那一刻完美展現，超越了一個全新的維度。他們的專注力超越動作之上，他們完全沒有任何緊張感；腦中的一切思緒都集中在比賽，彷彿**他們**已經融入其中。他們處於一種毫不費力的流動之中，沒有雜念，專注在自己的動作，將人類的能力展現至極致。任何見證這一刻的人都知道運動家們展現出運動的極致，而他們的目光則從不同的維度來看待他們的上場。他們像是在不同的層次上如同展現神蹟般演出。舞蹈家不僅只是跳得很好，他們與舞蹈融為一體，音樂家則成為了音樂，而運動員則實現了不可能的目標。

即使你不是一位頂尖的表演者或是運動員，我們都可以而且也能夠獲得這種流動，一個轉瞬即逝的時刻，甚至讓我們自己感到驚訝。高爾夫球在揮杆時幾乎不發出任何聲音，答案不知從何而來，那一刻我們超越了自己，展現出了自己的實力。當我們擺脫了自己的方式，超出我們想像的事情就成為可能。也就是說，不要期待透過簡單地進入靜止狀態，你就能突然像歌手王子一樣演奏出絕佳的吉他獨奏，或接續霍金的工作。而你需要做的是先上幾堂吉他課，聽幾堂物理學講座。

步驟八——生命力

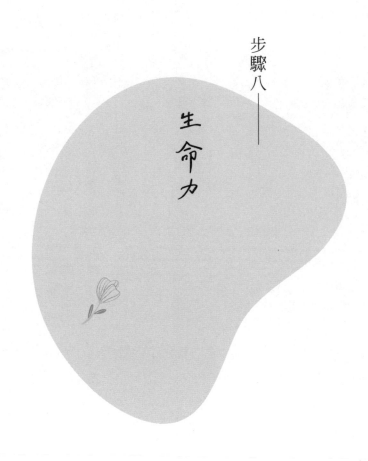

一種微妙的力量

你越是安靜，你就越能聽見。

The quieter you become, the more you can hear.

——拉姆．達斯（Ram Dass）

靜止並不是一個目的地。我們和游泳者最終抵達岸邊的情況不同。靜止是一個門戶，透過它你可以發現存在於每一時刻的所有維度。像花瓣一樣展開精緻的細微差別，當我們不斷填補靜止的時刻，眼睛只盯著最終目標時，是不可能體驗到這一切的。你開始能夠見微知著，你開始意識到一切都具有一種微妙流動的能量。這不是我們在形容電池還有多少電量時所談論的能量，它是一種流經萬物的生命力，將我們與錯綜複雜的生命之網連結起來。

真正引起我注意的其中一件事情是，當我第一次見到秘魯的安地斯巫士蓋洛長老時，發現他們不過是無比尋常生活的普通人，這主要是因為他們簡單的生活方式意味著他們能夠與周圍的一切保持高度的調整和連結。總的來說，他們與你、我並沒有什麼不同，除了他們能夠看到萬物皆有能量；所有的一切都具有生命力，對其他的萬事萬物都有影響。我還記得我心裡在想他們就像一個活生生的隱喻，說明與萬物融為一體的真正含義。這是一種與生俱來的能力，當你不得不與現代生活的快速節奏相抗衡時，這種能力就會消失。他們是說明從微小跡象見證真相的完美例子，或者換一種說法，多即是極少。因為我們的生活越是擁擠，我們就越是遠離歸屬感，以及與遠比物質世界所能提供的更偉大力量的連結。

我們可能無法如此辦到，或是並不希望退隱到偏遠山區過著維持基本生活所需的日子超過幾個星期，但我們現在能從他們的知識中受益，已經著實令人羨慕，並藉此調整我們對待自己的生活方式。我們同樣也可以感受到那種連結感，即使我們住在城市的高樓大廈裡。回想一下湖的比喻：我們的心靈越是安靜、越是清晰，我們能看到的就越多。當我們的心靜下來，我們的觀點或經驗並不會妨礙我們所見，我們同樣也能感知這種生命力的能量是如何在萬物中流動。

這種微妙的能量有時被說得很糟糕，但它無關乎好壞的或是邪惡的，而是像水一樣的中性。重點在於我們選擇如何使用它，使它成為一種積極或是消極的力量。我們可以把它想成是在山澗中流動的水一樣純淨。水在流動的過程中仍保持純淨。只有當一些岩石形成凹槽，水流才會受到干擾，水被困住後，才會開始停滯，成為疾病的溫床。如同水一樣，能量需要移動，我們生來都知道這一點。舉一個小例子來說，你可以把它想成走進一個房間，你會感覺那裡的能量「很不對勁」、滯悶，讓人不想要待在裡面。當遇上這類事情的時候，我們做的第一件事就是打開窗戶，讓空氣流通，讓房間裡的能量重新流動起來。貫穿我們身體的微妙能量也不例外。

第二天性

如果你想找出宇宙的秘密，不妨從能量、頻率和振動的角度思考。

If you want to find the secrets of the universe, think in terms of energy, frequency and vibration.

——尼古拉．特斯拉（Nikola Tesla）

談到能量閱讀，這絕對是人們與生俱來的天賦。但如果你認為它只適用於少數人，那你就錯了。我們都能做到這一點，而且我們**真的**打從出生起就一直在做這件事。無論你是否意識到你持續不斷在追隨能量，或是在觀察某個人臉上的反應，還是走進一個擠滿人的房間裡。這是我們所有人與世界互動的方式。能量閱讀如同人類走路或說話一樣自然。你可能不會像在正午的陽光下看到柏油路面冒出熱氣那般看到真正的能量，但你肯定能感知到它。因為能夠讀懂能量是一種原始的生存技能，它使我們的祖先，呃，至少是那些在這方面領悟還不錯的人，遠離致命的危險。

只有當我們有意識地接受我們正在解讀和回應的內容時，能量解讀才會對我們有所幫助。否則，它就像高高擺在書架上的資訊一樣。我們如何對自己以及環境中的不同振動作出反應就是一個例子。我們談論城市的噪音聲響和鄉間的寧靜，不是為了詩意，而是因為我們能夠從字面上感覺到它在我們身體裡。想像一下，坐在阿爾卑斯山某處風景如畫的靜止湖邊被大自然的溫柔聲音所籠罩；現在想像一下，在一場現場演出中擠在巨大的揚聲器旁邊，音樂不是籠罩著你，而是對你發出轟鳴穿過你。聲音不僅對我們每個人的身體，還有我們的整個系統所產生的影響有顯然的不同。安靜坐在湖邊的舒緩能量，與高能量的狂熱演出和尖銳的振動聲波相比，會有更平緩的振動。當你在演唱會上，雖然電子音樂的聲光效果很刺激，但你會希望在音樂會結束後能夠「平靜下來」，迅速重新找到你的平衡點。

我們都能在一定時間內應付各種不同範圍的振動頻率，有些是出於練習，有些是因為某些振動適合我們的系統；就像我們可能喜歡不同的音樂或喜歡穿著不同顏色的衣服一樣，當涉及到我們周圍的能量時，我們面對能量的敏感度也不同，每個人對於不同振頻的反應也大不相同。有些人在人群的包圍中變得活躍起來，而其他人儘管可以配合，卻在事後需要逃到一處避難所，就像你在躲避沙塵暴一樣。能量並沒有哪一個比較好的問題；它只知道什麼適合你，所以當你失去平衡時，你可以找到自己的平衡點。關鍵在於瞭解適合他人的能量可能不見得適合你。一旦你開始出現不安的症狀，這便是你個人的紅色警報系統，警告你所做的事情已經遠超過你的能力範圍，必須要向後退回些。第一步是放慢腳步，讓事情盡可能簡化——比喻來說，走出泥沼，在靜止的湖邊休養生息。把你生活中的一切都縮減到最基本的部分，這樣你將獲得休息、回顧和重新調整的空間。

我們對能量的自然理解就像第六感。我們可能無法解釋它，或者我們可能覺得承認它很愚蠢，但在不同程度上我們都能感覺到它。我們的一個原始部分，也許是無意識的，能夠判斷一個情況是否安全，或者我們是否需要對潛在的危險保持警惕，我們可以透過解讀能量做到這一點。下次當你走進一個房間時，花點時間，看看你注意到了什麼，你可以問問自己是什麼感覺。儘量避免使用你的大腦以邏輯思考去感受，讓你的本能引導你。任何在商業上取得成功的人都會自主這樣做，這是達到成功的談判、管理團隊或在會議室的權力遊戲中倖存下來的一個重要部分。每一個銷售人員不斷在閱讀能量上的細微差別，從而替成交開啟一個好兆頭。

要看到我們在日常生活中是如何掌握和操縱能量或許並不容易，但實際上這不過是每個表演者在舞臺上所做的一個更為細微的版本。花點時間，回想一下你曾經參加過的最好的演出、音樂會、表演或節慶。為什麼它是如此令人難忘？當時的能量是什麼樣子？為什麼藝術家的表演如此出色？他們有沒有拉攏觀眾的心？他們是如何做到的？氣氛熱烈嗎？令人著迷？它是一種不同於其他的體驗嗎？如果是的話，為什麼？再次強調，在回答這些問題時，儘量不要以邏輯去思考。要像亞馬遜河流域的巫醫和女人一樣把這一切看作是能量。

表演者能夠在表演中脫穎而出的關鍵在於他們在舞台上展現能量的能力。然而，當一個表演無法吸引目光，就像一個點不著的火星塞。同一個表演者可能以同樣的方式做同樣的表演，唯一不同的是能量是否在他和觀眾之間流動。我們所有人都曾發生這樣的事。即使是和親密的朋友一起，你們之間也會出現尷尬的對話，你說的每一句話都不合拍，似乎怎麼說都不對。就像無法獲得共鳴一樣。和一個朋友約了喝咖啡，離開時，你感覺筋疲力盡，好像每一滴能量都被吸走了，而和另一個朋友見面，離開時你卻覺得精神抖擻，春風滿面。

如何移動沉重的能量

我們所有人偶爾都會成為能量的吸血鬼或是強心針。這不一定是誰的錯，但有幾個簡單的、看似無害的練習，當你感覺能量像有千斤重在拖著你時，你可以試著去做。第一個簡單的方法是站起來，就像你真的冷得發抖時，把它抖掉。然後，用你的手刷洗你的身體，就像你在清除衣服上的灰塵一樣，從上拍到你的腳。同時刷刷你的後腦勺，並盡可能地刷刷你的背部。這將產生效果。

第二種是當你處於這種情況下，無法避免得直面他人的能量。你可以在當下利用一個強大的視覺化方法，避免受到對方爆發的能量所影響，無論這股能量是憤怒、負擔、頑固、狂熱的還是窒息。把他們說的任何話和他們散發的情緒當成從他們身上傳來的能量，想像成你在夜景照片裡看見的車流或煙火表演中看到的亮光畫面。或是把它想像成噴火器、水桶或是拳頭，你只要微微一個彎腰，他們所有的能量就會從你身邊經過而不會接觸到你。如果你處在一場爭辯之中，這將有助於你保持清醒的頭腦，不被捲進能量風暴中。

閱讀字裡行間

善意的話語可能很短，也很容易說出口，但它們的回響確實無窮無盡。

Kind words can be short and easy to speak, but their echoes are truly endless.

——德蕾莎修女（Mother Teresa）

能量會激發生命力，並為我們所指向的東西提供能量，這就是設定意圖的重要性。無論你把焦點放在哪裡，你的能量就會流向哪裡。當我們設定一個「意圖」時，我們便將所有的注意力集中在一個方向。我們越是用我們的思想來餵養一個想法，我們給它的能量就越多。而我們給任何東西的能量越多，就賦予它更多的生命，因此顧名思義，它也就生長得越快。我們甚至不需要儲存或培養能量，因為我們所需要的所有能量已經是現成可用的，我們所需要做的，就是決定要把注意力集中在哪裡。

想像澆灌一座花園。你不需要創造從水管流出來的水。你只需打開水龍頭，拿起水管。植物就像是我們的意圖，水管就是我們的焦點。你澆灌的植物有機會獲得生命；你忽視的植物則沒有機會生長。就像從水管裡流出來的水一樣，能量不會判斷你把它引向哪裡——它只會朝向你指給它前往的地方去。因此，當你沉浸在一個阻礙或是自我詆毀的想法中時，你是在給它生命，這麼做等同於澆灌雜草。設定意圖與說些積極肯定的話語不同。除非你把意圖放在肯定話語的背後，否則它就像澆灌貧瘠的土壤，你卻希望花朵生長的道理一樣。

我們越是瞭解能量以及如何平衡它，就越能看出我們有些時候也意圖想著如何干擾它。儘管假設我們都知道帶著滿滿不斷的同情心去生活是件好事，但當我們都具有像巫師一樣的能力時，我們卻會刻意造成摩擦，攪亂流動。這些瑣事或許看上去瑣碎與微不足道，也許在你生命中的某個時刻，你發出了一些不懷好意的眼神或說了一些你知道真心傷人的話，因為在那一刻你希望對方受到傷害。你也有可能一直處於接受的狀態，所以你知道當一個不懷好意的眼神或評論降臨在你身上時，它可以一拳把你打倒在地。這很正常。然而，我們的行為對我們的身體會產生直接的影響，在接受惡意眼神或評論之後很長一段時間內，身體會繼續保有這股能量。如果你想體驗一下這一點，可以和一個朋友嘗試以下練習。

請你的朋友站起來，在他們面前伸出雙臂，雙手緊握，兩個食指指向外面。然後，用你其中一隻手的掌心，輕輕地將他們緊握的雙手向下壓，測試他們的阻力。他們不太可能動彈。現在要他們閉上眼睛，想一想他們在自己生活中最悲傷的記憶。告訴他們要把全部注意力集中在這個事件上。給他們一點時間，讓他們去想著這件事，然後再次使用溫和的向下壓力，看看你能多麼輕易地把他們的手臂向下壓。現在做同樣的練習，但告訴你的朋友想一想他們有史以來最快樂的經歷之一，並要求他們再次在腦海中保持這個記憶。然後，用同樣的壓力，把他們的手臂往下推。讓他們對你做同樣的練習。我們的思想對我們的身體影響必須要親身經歷才能相信。

在現今的世界，我們往往說得太多，以至於話語變得像是背景裡的白噪音。話語擁有能量，但有句俗話說：「棍子和石頭可以打斷我的骨頭，但話語永遠不會傷害我」說的卻不是事實。話語並不「只是」話語；它們有不可估量的力量，特別是我們告訴自己的那些話語。碎裂的骨頭會癒合，然而作為武器的話語卻是滴水穿石的毒藥，它可以影響我們整個一生。儘管我們知道這一點，但我們仍對於如何使用話語的力量漫不經心。正如我們在步驟二中所討論的，我們每個人都有不為人知的陰暗面，它存留著可以在我們身上引發劇烈身體反應的詞語和語氣的記憶。詞語不只說明我們的情緒，它還能夠創造情緒。詞語會讓你坐立難安、臉紅、害怕或憤怒。一個有天賦的敘述者會仔細挑選他們的詞語，以發揮故事中的能量，並抓住聽眾的注意力。他們對文字的理解就像作曲家對音樂的理解一樣。歷史上的偉大演說正是精心選擇語言達到渲染力，以及它們如何激發個人、團體、人群或國家的絕佳例子。

我們需要語言來解釋我們的感受。然而，除非你是一個文字工作者，否則有時很難找到合適的文字來表達我們可能都有的經歷，或者難以傳達我們內在的真實感受。因此，我們最終將大量的感覺簡化為一個詞，然後運用這個詞來表達我們的理解。但是你我可能對什麼是恐懼、沮喪、興奮或超乎尋常的快樂，有非常不同的實際體驗，當我們內在感覺良好時，其實並不會對我們自身造成太大的影響，然而當我們正處於掙扎的邊緣、或是想要轉變時，這一點就變得十分重要。我們可以談論一種情緒或感覺，也可以分析它產生的原因，但有時直接將感覺拆解為一種能量，以及它在我們身體中所處的位置和方式，比起依靠一個詞語，將更容易且快速。

下面的練習是我將一個巫醫教給我的技巧做一個輕微變化，如果你的靈視失靈，他的回答很簡單——對著它吹氣，就像你把煙吹走一樣。

想像治療

當你談到焦慮的感覺時，問問你自己，你對這個詞語字面上的感覺如何。你對焦慮的反應和我對焦慮的反應可能大不相同。當你焦慮的時候，你的身體會做何反應？你的胃部是否感到痙攣，就像一罐隨意被丟棄一段時間之後的可樂，還是感覺十分空虛？你的身體如何「面對」焦慮？停留片刻，閉上眼睛，讓自己實際去體驗一下當你變得焦慮時發生了什麼事。想像一下，用彩色筆畫出這種感覺，這樣即使是一個五歲的孩子對你所經歷的事情也會有個概念。

- 你畫了什麼？是純色塊還是方格網？
- 你會使用什麼顏色？
- 如果你要給它一個溫度，它是熱的還是冷的？
- 它的質地會是什麼？
- 能量是四處移動還是停滯不前？

一旦你對這種感覺和它在你身體裡的位置有了清晰的認識，用你的想像力來描繪這種情緒，開始對它吹氣。如果你想像自己有一種悲傷的情緒，它像一塊黑色的石頭一樣待在你的肚子裡，看著你的呼吸，沖淡你心目中的形象。隨著每次呼吸，看著黑色石頭逐漸變成灰色，然後變成白色，接著石頭開始碎裂，直到最後變成塵埃。繼續朝它吹氣，直到它完全蒸發，然後體驗沒有任何東西阻礙你的自然能量流動時的感覺。

正能量

你知道我們的靈魂是由和諧組成的嗎？

Do you know that our soul is composed of harmony?

——李奧納多・達文西（Leonardo da Vinci）

當我們感到情緒低落並脫離自然流動時，改變或移動能量的另一個有效方法是用聲音。各種版本的聲音療法已經被使用了數千年之久。現代醫學之父希波克拉底（Hippocrates）用音樂來舒緩神經，解決狂躁症，並使與精神疾病陷入苦戰的病人能恢復平衡。柏拉圖將音樂描述為靈魂之藥。世界各地的薩滿巫士仍然使用原始聲音作為整體治療工具，因為它對重新平衡我們的整個系統非常有效。

聲音是由振動所組成，所以它非常適合於消解能量阻礙或完全改變能量。正如我前面提到的，我在亞馬遜所師從的巫醫對他人的故事從不感興趣，當其他人堅持要分享故事時，他甚至不會假裝感興趣。他閱讀他們的能量，他在他的藥草治療儀式中工作，可以準確地看到一個人的能量在哪裡受到阻礙。他透過吟唱他個人的神靈之歌（icaros）和高音口哨聲來驅散能量。他的唯一目標是恢復和重新平衡能量流，就像清除溪流中的石頭一樣。當我第一次和他一起工作時，我想理解他所吟唱的歌詞涵意，但很快我就明白了，重點不是他唱了**什麼**，而是他吟唱的**方式**。每個音符結束時的顫音技巧是關鍵，它能夠分散或擴大能量，根據每個人的需要來引導他們的經驗。

你不必成為薩滿或古希臘哲學家，也能知道聲音的力量。我們都能自然而然地使用它，當我們感到害怕或緊張時可以哼唱，當我們感到振奮時可以吹口哨。每個父母天生知道唱一首輕柔的搖籃曲來安撫嬰兒的感官，幫助他感到安全。我們都能獲得的東西是音樂。如果你手頭沒有巫醫或聲音治療師，一個簡單能夠改變情緒的方法是戴上一副耳機，播放任何符合你想要的感覺的音樂。它可以在幾秒鐘內提升或沉澱能量。如果你想提高你的振動頻率，放上任何讓你起身跳舞的曲子。如果你需要放鬆或平息焦慮，可以進行一次音樂浴。以海星的姿勢平躺在地板上，播放一些自然聲音或古典音樂，讓音樂沖刷你。讓音樂完全吞噬你。重要的是，音樂沒有文字，這樣大腦就沒有什麼可關注的地方，可以完全放鬆。如果你曾經站在現場演出或俱樂部的揚聲器旁，你會知道聲音是如何振動你的身體。音樂浴也是如此；只不過它是舒緩而不是振奮你的精神。接著是關於吟唱這部分——這是我們所有人都擁有的最強大的內在治療工具之一。如果你喜歡唱歌，就發自內心去唱，我的意思是擴張你的肺，放聲歌唱，但如果你感到害怕，唯恐自己的歌聲不被採納，那麼古老的吟唱藝術就很適合你。梵唱（Kirtan）是印度的一項傳統，它是一種領唱者和聽眾之間的呼喚和回應。它就像是一場對話，對每個想打開肺部的人來說是再完美不過的形式，不用擔心會走調，它在許多方面都有令人難以置信的療效。唱誦本身就具有療效，撫慰感對靈魂有好處，讓你的聲音真正打開，而不帶有任何尷尬或是害羞的感覺，得到一種解放。吟唱能夠改變你身體的振動，這對所有問題，從排毒到抑鬱症治療來說都很有幫助，最重要的是過程非常有趣。

如果你在當地社區還沒有找到這樣的吟誦團體，你可以從哼唱冥想或以更傳統的方式，從吟誦「唵」的冥想中獲得類似的好處。

哼唱靜觀

你可以自己做哼唱冥想，但如果你有機會在團體中做這種冥想靜觀，甚至只和另一個人一起做也行，因為更多人發出哼唱所產生連續的和諧聲音十分具有力量。

- 以放鬆的姿勢坐著，閉上眼睛，嘴唇輕閉。
- 在第一個音符出來時開始哼唱。聲音要足夠大，使你和你身邊的人都能聽到。
- 專注於哼唱的聲音所產生的振動。你可能首先感覺到它在你的嘴唇和臉上發出的振動，接著把振動送往你的胸部和腹部。我喜歡用手捂住耳朵，有助於我迷失在聲音之中。
- 一段時間後，你可能會發現嗡鳴聲變得自然許多，你可以玩改變音調的遊戲，找到合適的感覺。

這種冥想在移動身體的能量方面也很有效，因為透過練習，你可以將嗡鳴聲產生的振動發送到身體的任何地方。因此，如果你的胸部感覺像被鉗子夾住一樣緊繃，就把振動傳送到那裡，幫助釋放緊繃。

「唵」的冥想

這種冥想的一個傳統版本是烏吉斯調息法（Udgeeth Pranayama），它使用神聖的音節Om（讀作「唵」）進行連續的吟唱。說到靈性的聲音，「唵」無疑是最為人熟知的，它被許多人認為是最原始，最接近宇宙的聲音。「唵」是一個古老的符號，最早出現在古印度經文《吠陀經》中，可追溯到西元前一千兩百年。

如果可以的話，盤起腿坐在墊子上，或者，如果對你來說更舒服的話，坐在椅子上。舒適是關鍵，無論哪種方式，都要確保你坐得筆直，感覺到你脊柱骨中的每一塊脊椎骨像堆疊整齊的書，一塊接著一塊相連。

- 想像一下，有一股能量從你的背部上來，然後從頭頂出來，進入天空，像一根繩索把你拉起來，另一股能量通過頭頂下來，順著肩膀，像一棵聖誕樹的形狀，往地面流動。所以，你感覺到能量是在放鬆的狀態下把你固定在位置上，實際上你卻不需要出任何力氣。
- 用鼻子深吸一口氣，填滿你的腹部和胸部，然後，在你呼出一個深長、緩慢、舒緩的吐氣時，吟唱「唵」音節：帶著敬畏，從腹部發出「Aaaa」音；接著，從胸部發出如oo的「Ooooo」聲；「Mmmm」的聲音就像嘗到美食的時候，嘴唇輕輕碰觸，這樣你可以感覺到嘴裡發出的溫和振動。

- 當你在吟唱時，讓這三個聲音融合在一起。試著把吐氣的時間延長到十五秒或更多，然後在你再次吸氣之前，讓「唵」聲在你的腦海中靜止。

人類能量圖

宇宙中存在著一股力量，如果我們允許，它將流經我們並產生奇蹟。

There is a force in the universe, which, if we permit it, will flow through us and produce miraculous results.

——聖雄甘地（Mahatma Gandhi）

我們大多數人認為存在我們身體裡的能量是屬於「我們的」。一個獨立、貯存在個人體內，就像一箱汽油一樣，我們可以儲存、補充或耗盡能量，一切取決於我們吃了什麼、睡眠品質如何，以及我們做了什麼。然而，我們知道，如果我們吃了一頓豐盛的烤肉午餐，可能並沒有給我們帶來能量，反而讓我們癱軟在電視機前面，幾乎睜不開眼睛。而如果我們定期進行某種形式的運動，非但不會耗盡我們貯存的能量，反而可以得到更多。能量不是一種商品，它是一種流動，就像溪流一樣，它也會阻塞不通，而當能量可以自由運行時，它將能夠無限量供應。這種微妙的能量是貫穿我們所有人的生命力，我們現在很少關注它，但它掌握了我們的福祉和身心靈健康的關鍵。

中國古代和印度關注這種生命力如何在我們身上流動，如同醫生關注我們的血液一樣。這種生命力的能量有許多不同的名稱。在中醫中，它被稱為「氣」，瑜伽師稱它為「普拉那」（prana），薩滿巫師稱它為「靈」（spirit）。如同血液在靜脈中的分布一樣，這種生命力透過能量的通行道運行，在中醫則稱為經絡，在瑜伽中稱為脈輪。你可能聽說過七個主要的脈輪——從你的脊柱底部開始一直到頭頂的主要能量連接點。薩滿巫師會在頭頂上的一個脈輪工作，也就是你的光環所在的地方。在過去，人們更關注的是如何預防疾病，而不是試圖治療疾病。醫生的職責在於讓你保持健康，他們透過使用飲食、草藥、壓迫點治療和運動來保持病人的能量流動。其中的某些做法我們今天仍在採用，如針灸、禁食、氣功，當然還有瑜伽，這些都是醫生在幾千年前想出的療法，以維持我們的健康和能量的流動。

我們今天為保持身體健康而做的瑜伽體式（姿勢）和氣功練習，並不是隨意的練習，而是從複雜的研究中發展起來的，專門用於保持生命力能量的流動不受任何阻塞的干擾，因為古代的醫生明白這就是導致疾病的原因。如果你看過一個已經練習多年的瑜伽師，他們的身體令人難以置信的強韌，卻也很柔軟。這種能量流動不是一個比喻，它是非常真實的。觀看一個少林寺僧人鍛鍊如此強大的能量流動，以至於他們可以讓水泥塊砸碎在他們的肚子上或是手臂上，這就很明顯地表明這不是簡單的理論。

瞭解並且知道如何與這種生命力合作是我們身心靈健康的源泉。如果你也想要有類似於推動這種生命能量的感覺，卻不想用你的雙手擊破磚頭來測試你的氣，還有很多不同的做法可以選擇。瑜伽無疑是最受歡迎且為現在西方主流盛行的運動形式。另一種是氣功，你可能曾經見過，特別是在中國，清晨在公園裡由一群人（通常是老年人）練習的運動。兩者都是十分強大的練習，而不是簡單的鍛煉，因為它們的目的是利用呼吸的吐納將心靈和身體相互結合。

氣功和瑜伽都是在動作之中進行的冥想，但氣功也許是兩者中比較容易接觸的，因為氣功不必把自己折成一個人形椒鹽餅。這使我們更容易記住，氣功練習的重點是在動中找到靜，而不是為了加入奧運會體操隊。瑜伽是一種專注於八個不同人體場域的哲學，而我們所熟知的瑜珈姿勢只是其中一部分。呼吸法是另一部分。

呼吸法在西方世界可能不太為人所知，但是我所遇到的傳統瑜伽師都主張這是他們練習的一個重要部分。呼吸法是研究如何利用有意識的呼吸練習與你的身體系統中的生命能量一起工作。它的好處和重要性不可勝數。首先你得學習交替呼吸法，它可以成為能量的主要排毒通道，對於降低壓力水平很有幫助。

交替呼吸法

- 盤腿坐在墊子上，如果你願意，也可以坐在椅子上，背部放鬆但挺直。脊椎柱宛如一疊書的比喻。閉上眼睛，做幾次緩慢的深呼吸，讓自己平靜下來。
- 現在，把你的右手舉到你的臉上，把你的右手拇指放在右鼻孔上壓住，然後用左鼻孔吸氣。
- 然後，用無名指壓住左鼻孔，放開右鼻孔，吐氣。
- 通過右鼻孔吸氣，用拇指壓住右鼻孔，放開左鼻孔吐氣。這是一個回合。
- 如果這是你的第一次，可以做五回合，並專注於保持吸氣和吐氣的長度相同。如果你的壓力指數過高，每天可以做這個練習。

氣功冥想

一個基本的氣功練習可以感受到身體內部和周圍的元氣，方法如下：

‧兩腿分開站立，膝蓋略微彎曲。讓你的背部放鬆挺直，放鬆你的視線，暢通你的呼吸，不受拘束。

‧把你的手放在胸前的位置，手指朝上，手掌心不完全貼合。

‧緩緩分開你的手掌。移動你的手，讓兩隻手掌相對，分開，然後再慢慢合攏。就像你在拉手風琴一樣，或者更簡單一點的話，想著有一根橡皮筋緊緊纏在你的手上，使你感受到一股阻力。

‧繼續慢慢地將你的手掌分開，然後合攏，感覺你的手掌之間彷彿有一團氣體。這就是氣。你可能開始注意到每個手掌中間的一個點開始感到刺痛和溫熱，手掌之間相吸的感覺越來越強。在氣功中，被稱為「勞宮」的穴位——位在手掌中間，如果你握起拳頭，位置就在中指的指尖接觸到的地方。

‧在你的掌心之間保持一團氣體的感覺，現在慢慢感受一會兒。看看你是否能夠把網球一般大小的氣體變得和沙灘球一樣大，瞧你是否能保持這種感覺。當你把手掌合攏時，是否感覺到一股阻力？如果你很難找到這種感覺，將你的掌心用力搓揉在一起，再試一次。

勞宮穴是中醫裡一個重要的氣功穴位，通常為能量治療師所使用。它是主心通道上一個重要的能量門戶，是用於自我治療的一個絕佳穴位。只要你感覺到手上的氣在流動，你就可以用拇指按壓另一個手掌的勞宮穴，以幫助緩解和支持你的焦慮時刻。但更重要的是，你正在體驗微妙的能量流動。當你受到思想的挾持時，一個從身體獲取療癒的另一種方式。靜坐並專注於感受你體內的能量；脈搏是你獨特的節奏，它是在你身上流動的生命力。

步驟九——

與大自然重新取得連結

我們是土地

人類並未編織出生命之網，我們只不過是其中一根絲線。我們對這張網所做的一切，也是對我們自己所做的。所有的一切全都纏繞在一起，所有的一切皆相互連結。

Humankind has not woven the web of life. We are but one thread within it. Whatever we do to the web, we do to ourselves. All things are bound together. All things connect.

——西雅圖酋長（Chief Seattle）

對薩滿巫士來說，大自然充滿了生命。他們從一切萬物中看到生命，不僅是樹木和植物，還有河流、山脈和我們行走的地面。他們恭敬地把大自然稱為大地之母或是帕查瑪瑪（即大地之母），因為她是我們的生命賜予者，提供我們所有人所需的一切，他們認為反過來照顧她和她的需求，是他們的責任。他們意識到，我們不僅僅是自然的一部分，我們就是自然。我們與我們周圍的生物世界相互依存。你現在吸入身體的空氣是從遙遠的山川、河流、樹木、花朵和海洋來到你的體內，你呼出的空氣使山川、河流、樹木、花朵、海洋，以及一切的有情眾生獲得到滋養。我們都是一個龐大網絡的一部分。

現代生活的步調意味著有時我們可能會感到與一切都相距甚遠，並與任何所謂的龐大網絡隔絕。但無論我們是否意識到這一點，我們從來都不是孤獨或分離的，即使幾個世紀以來我們找到了越來越多的方法將自然拒之門外。這種「進步」意味著我們不必一生都在與大自然的挑戰搏鬥，在大自然的擺佈下生活，或與土地上的熊或蛇相互爭奪洞穴。我們已經找到了生存的方法，而不需要真正與大自然有任何定期的接觸。拜現代科技之賜，我們大多數西方人的冰箱裡有食物、自來水和一櫃子的藥品，這意味著我們可以活得更長，而且過著相當舒適的生活，但這並不意味著我們生活得更快樂。日新月異的生活方式的反面是隨著我們越來越遠離自然，我們正在失去與最強大的治療者之一的連結感。大自然不僅餵養我們的身體，而且養活我們的思想和靈魂。大自然可以安撫我們過度受到刺激的心靈，在我們缺乏光的時候使我們恢復活力，在我們需要安慰的時候成為一個避難所。

我們的先祖並未過著如我們這般舒適的生活，也並不長壽，但他們反而獲得我們失去的一些好處。他們別無選擇，只能過著日出而作，日落而息的生活，所以不必擔心他們的晝夜節律（生理時鐘）會失調，對他們的睡眠模式造成破壞。他們每天晚上都有機會在火堆前舒緩他們的壓力。他們的生活簡單而直接，與大自然有著深厚的連結。他們必須這樣做——他們的生存之道取決於與自然保持和諧。

我們或許比起我們的先祖們更加遠離自然，但這並不是說我們不愛自然，也不是說我們天生就知道她握有對於現代生活的繁忙喧囂的解藥。當我們出發去度假時，無一例外地都是前往大自然，無論是陽光普照的海灘還是白雪皚皚的滑雪場。也許是因為大自然流淌在我們的血液中，當我們身處其中時，感到如此平靜。當我們需要放鬆、充電並準備再次面對世界時，就會回到這裡。

我們跟先祖之間的主要區別是，大自然已經儼然成為我們生活中的一個美妙的背景或畫布，而不是一個持續的互動。我們熱愛它，欣賞它，但我們之中很少有人真正參與其中或與之融為一體。我們可能會去觀看野生動物的自然棲息地，前去登山或是潛入充滿珊瑚礁的海底，但我們這樣做是作為一個遊客或是觀察者，彷彿大自然與我們之間是分離的。

簡言之，大自然充滿了靈性，置身其中的你可以感受到這種靈性，因為這是一種生命的體驗。它包含了平衡、流動與連結感，與流經我們體內與大自然間的生命力相同。你不需要閱讀任何神聖的教義，也不需要從智力上去理解。它不需要文字解釋或是分析。發展我們靈性智慧的一個核心便是重新發展與自然的關係，與我們的先祖們與自然之間的相處互動類似。重新建立我們與周遭萬物之間的連結感，以便能夠有意識地感受到比起我們自身之外更偉大的力量。這並不意味著我們必須遷居他處，放棄我們在世俗的身外之物，返回到野地生活。與我們的祖先不同，我們可以同時遊走在自然與俗世兩個世界之間。我們所需要做的就是把自然帶回到我們的面前，並且停下腳步一段時間，真正地參與自然。

拔掉插頭並重新連結

觸摸自然使整個世界變得可親起來。

One touch of nature makes the whole world kin.

——威廉．莎士比亞（William Shakespeare）

一位事業有成的年輕商人決定從他繁忙的日程中抽出幾天時間，飛到他所知道的最美麗的地方，遠離這一切。一天傍晚，他在河口慢跑，停下腳步欣賞可能是他見過的最美麗的夕陽。他聽到附近有一個聲音：「大自然的禮物！」年輕人向聲音傳來的地方看去，看到一個在附近釣魚的老人同樣也在欣賞著地平線上的夕陽。年輕人點點頭，回過頭，帶著滿心敬畏地看著鮮紅的太陽。過了一會兒，年輕人回過神，打量著眼前這個宛如坐在天堂裡的無憂老人。他指著老人身邊的魚，誇獎他今天釣魚的成果豐碩。老人微笑著邀請年輕人加入他的行列，因為他正準備生火料理他釣的魚當做晚餐，他有很多魚可以分享。年輕人對這一邀請感到有些受寵若驚，年輕人跟老人並肩而坐，此時滿天的星星取代了太陽，大海在月光的照耀之下閃閃發光。

當他們圍著小火堆坐著，彼此沉默不語，年輕人突然插話說：「這魚很好吃，你應該帶兩根釣竿出來，這樣你可以釣到更多的魚。」

老人回答說：「我為什麼要這樣做？」

這時，年輕人的商業頭腦開始精打細算起來，「因為這樣你就可以在市場上販售多餘的魚。」

「我為什麼要這樣做？」

「因為這麼一來，你可以用賺到的錢買一艘小船和一張漁網，捕捉更多的魚。」

「我為什麼要這樣做？」

「因為這樣一來，你就可以用你賺得的利潤雇請你那些有船的朋友來幫你捕更多的魚，這樣你就有了一個成功的小生意。」

「我為什麼要這樣做？」

「因為成功的生意就是這樣來的，如果運氣好的話，你最後還可能成為擁有自己的拖網漁船隊和經營龐大生意的有錢大亨。」

老人看上去一副不以為然的模樣，接著再次說道：「我為什麼要這樣做？」

年輕人回答說，「因為這樣你就可以讓其他人來經營你的生意，這樣你就可以在這個天堂裡成天只是釣魚。」

老子，中國古代傳統的道家始祖，曾說：「道常無為而無不為。」這提醒了我們所有踩踏在倉鼠輪上忙碌的人們，成功的定義要求我們總是追求更多，不斷地迫使我們加快步伐，這也是造成現在精神方面文明病的原因之一。只要有機會，我們的電腦螢幕和智慧手機總會不斷吸引我們的注意，所以，為了你好，每天花點時間關掉它們是很重要的。擺脫科技對我們的毒害，哪怕只有一個小時，就像把世界從你的肩上移開。這是一個擺脫你的大腦，返回你的內在感官的機會。如果你是一個需要目的才肯行動的人，並且認為自己沒有時間停下來，也無法在沒有手機或音樂的情況下在大自然中待上一個小時，你會有興趣知道這個方法，它能如何增強你的注意力以及提升解決問題的能力。這就像為疲憊的大腦按下重新開機的按鈕。

日本古老的實踐方式shinrin-yoku，字面所指的意思是指「森林浴」，在八〇年代作為國家健康計畫的一部分重新被提出，旨在幫助那些因科技倦怠而飽受慢性疲勞、焦慮和深度抑鬱的人們。它變得如此受歡迎，現在已經成為公認的全國性的消遣活動。研究表明，這是一種強大的解毒劑，在森林裡僅僅待上幾個小時就可以降低血壓，降低皮質醇水準（我們的壓力荷爾蒙），讓徜徉森林裡的人感到更輕鬆、更快樂，並沉浸在一種深深的幸福感之中。但森林浴並不只是單純出去散步；它是充分利用五感沉浸在大自然中的時刻。與其說你走過那棵樹，不如說是觀察樹上的野生動物。這是一個讓你放慢腳步、探索所有你通常可能走過而沒有注意到任何細節的機會。這是一個體驗花朵和樹上的鳥兒、聆聽大自然聲音的機會——鳥兒的歌唱和你腳下踩過的樹枝——如果你願意，還可以擁抱一、兩棵樹。赤腳行走或坐在地上，讓你的掌心和腳底接觸大地，不僅可以幫助我們在迷失在思想的世界中時感到腳踏實地，回到自己的身體裡，它也可以重新調整你的晝夜節律，調整你的睡眠模式。把你的手放在土壤上，土壤會釋放出微生物，這是一種天然的抗抑鬱劑，可以刺激身體的血清素分泌，使我們感到更加快樂和放鬆。大自然是左腦和右腦的天堂；它既有邏輯性又隨性，這使得它既是數學家的夢想，同時又是詩人或藝術家的創作源泉。你可以尋找花瓣中的對稱性或松果上的斐波那契數列或蝸牛殼上的螺旋紋。當你慢下來時，你開始看到和聽到更多。理想情況下，你不會想帶任何東西——沒有電話，沒有音樂——但如果你的思緒太過混亂，無法靜下心來，你可以帶一本素描本。我們之中很少有人能幸運地在家門口擁有一片森林，但一旦抵達森林，一切將宛如一場個人的朝聖之旅。

哺育心靈、身體和靈魂

你和我在物質宇宙中都是連續的，就像波浪在海洋中是連續的一樣。海洋的波浪和宇宙的人民。

You and I are all as much continuous with the physical universe as a wave is continuous with the ocean. The ocean waves and the universe peoples.

——艾倫．沃茨（Alan Watts）

大自然不是一個象徵性的治療者或安慰劑，她的藥物是真實有效的。我們的現代醫學大多源於植物和樹皮。我們的祖先透過觀察動物生病時求助於哪些植物，來瞭解哪些植物可以治癒疾病。這既聰明又符合邏輯，但這並不能解釋美國本土原住民如何知道在頭疼時坐在柳樹下的道理。樹皮萃取物是今天阿司匹靈的有效成分。或者亞馬遜雨林中的巫師們是如何研究出哪些植物可以治病，哪些植物足以使人致命。甚至連試驗和錯誤都無法解釋他們如何設法將不同的植物組合在一起以治療特定的疾病。我們無法用理性來解釋他們如何知道從數以萬計的不同物種中選擇哪種植物，然後找到治療的組合。它傳達了一種深刻的連結，也許我們都曾經有過這樣的連結，但我們大多數人現在已經失去了。但是有一條回到與自然交流的道路，它可以從簡單地坐在樹下開始。你可能不會找到啟發或是物理學的下一個突破，但是你將有機會從樹木釋放的抗菌精油中提高你的情緒和免疫系統。樹木是驚人的治療者，它們可以降低血壓、加速心跳、治療焦慮、解除困惑和抑鬱症。它們還可以幫助我們爭取重新與自然取得連結。因此，當天氣好的時候，不妨在戶外進行你的冥想練習；模仿佛陀，在一棵樹下坐下來。背部緊貼樹幹而坐，當你靠在樹幹上時放鬆，這樣樹就把你豎立起來。閉上你的眼睛，把你的注意力轉移到你的背部。靜下心來，看一看，感受一下這棵樹的能量。你的思想越安靜，身體越開放，你的機會就越大。一位印度瑜伽上師教給我的練習是想像身體的每一個脈輪，沿著脊椎向上，像能量插座一樣插在樹上。

發展我們的靈性智慧就是要把我們的身心靈相互結合起來。每一個都和其他的一樣重要。我們需要一個健康的身體，以便能量能夠流動，這與我們需要我們的思想流動而不被堵塞的道理一樣。當能量受阻時，身體、精神或心靈就會失去平衡，因此出現疾病。我們吃的東西也會影響我們的想法和感覺，它對我們的身心健康有直接影響。我們都知道過多的咖啡或大量的糖對我們產生的影響，當我們感到沮喪時，我們的食欲會立即受到影響。每一種靈性傳統都提倡禁食，卻不是為了確保你的「身體為前往海灘做好準備」，也不是為了剝奪我們生活的樂趣，而是因為它是一種有效的方式，可以清除我們身體的毒素，重新設定心靈、身體和精神的能量流。

正念飲食靜觀

食物是藥。它也是我們保持連結的另一種方式。偶爾，在你開始吃東西之前，花點時間追蹤食物是如何到達你的盤子裡，追溯它的起源。想像一下馬鈴薯生長在肥沃的土壤中，或垂掛在樹上的酪梨，或在海中游泳的魚。陽光、雨雲、風和大地幫助它們成長。當你吃下每一口時，知道你正在用同樣的陽光、雨露和大地餵養你的身體。

與自然同在

幸福的首要條件之一是，人與自然之間的連結不應中斷。

One of the first conditions of happiness is that the link between man and nature shall not be broken.

——李奧．托爾斯泰（Leo Tolstoy）

大自然不一定意味著是指浩瀚無邊的喜馬拉雅山山脈或是廣闊無垠的大海，它也可以是一個方寸之間的小花園，或者僅僅是仰望天空。如果你是一個不能經常到大自然中去的人，或者根本就無法辦到，只要你走到窗戶邊，你還是可以徜徉迷失在大自然中。仰望天空是一種快速切入忙碌心靈的方式；對於成熟的人來說，僅僅是看著雲朵慢慢飄過，對於大大小小的孩子來說，發現白雲宛如動物是一種有趣的方式，讓你的心靈能有片刻放鬆，也許還能提醒你不要把生活看得太嚴肅。當你在雲中發現一隻巨大的兔子時，也許這就證明了即使是大自然也有幽默感。

能量清理

讓寵物、植物和新鮮空氣進入你的家，對保持良好的能量流動有很大幫助，但偶爾給你的家做一次能量的清理也不錯。古往今來，在世界各地，利用燃燒像鼠尾草、煙草、雪松、茅香和秘魯聖木這樣的植物以清潔和保護家庭。它們是大自然的防腐劑，所有這些植物都能有效地驅散任何能量阻礙。這很容易做到，但是有一點必須留意，如果你選擇使用鼠尾草束，我建議你第一次先只使用少量的鼠尾草——燃燒一整束鼠尾草可能會造成過度強大的煙霧，因而觸發煙霧警報。

挑選一種你喜歡的香氣，如果它們都不吸引你，不妨打開所有的窗戶，讓大自然為你淨化你的家。無論你選擇使用秘魯聖木還是白鼠尾草，請確保它的來源不會中斷。點燃一捆或一根樹枝（取決於你使用的是什麼），並將其吹滅，使其開始冒煙。然後進入每個房間，利用一根大羽毛或是你的手，把煙霧吹散到房間的所有角落。當你在做這件事時，你也可以用煙來清理自己身上的任何停滯的能量。把煙繞著身體轉一圈，前胸、後背、胳膊下、兩腿間和腳下。除非你使用的是鼠尾草，它一旦點燃就不會熄滅，否則你需要不斷重新點燃木材。

如何使用水晶

改變家庭能量的另一個好方法是使用水晶和礦石。自古以來，這兩種東西都被用作治療工具和抵禦黑暗的能量，而且它們是在自己家裡與大自然做一連結的完美方式。正確放置的話，它們可以幫助保持能量的流動，防止能量停滯。把天青石放在你臥室的床頭櫃上，幫助你平靜入睡，或者把螢石放在你的辦公桌上，讓你頭腦清晰。無論你對它們的特性有什麼看法，水晶和礦石是大自然豐富多樣性的又一例證。

我總是隨身在口袋裡攜帶一塊礦石，就像你把大自然收進你的口袋裡。我在家裡有一個裝滿礦石的小缽，每天早上我都會根據我的心情和我的需要挑選一顆礦石。有時它可能是某人送給我的，或者是我從聖地附近或大自然中對我來說特別的地方撿拾到的一塊石頭，這類礦石很容易在商店中引起我的注意。如果我需要在日子裡增加一點魔法，我可能會攜帶一些拉長石，因為它會發出像北極光一樣閃爍的光芒；或者，如果我覺得失去平衡，我會拿一塊碧玉穩定自己，因為它的振動頻率較低且較慢。未經打磨的石頭非常適合焦慮症，因為它們給人的感覺最接近大自然，更容易與人連結。我發現自己一整天只是拿著它或在手中把玩，讓手中捧著一片自然，就足以瞬間讓人平靜下來。

如果你發現在一天中由於某種原因而感到內心掙扎或感到失衡，可以把能量吹往礦石，在一天結束時，把它放在盆栽的泥土中或放在流水中清洗。下次你去一個特別的地方時，選一塊小石頭帶著。如果你想用薩滿的方式，而不是拿了就走，當你看到一塊石頭時，花點時間靜靜地請求土地的允許。然後把石頭放在你的嘴邊，將你的意圖或是感激之情吹向石頭。我還記得曾經有人告訴我，你可能會看見非常漂亮的石頭而撿起它，不過過了一會兒之後，當你看著它們時，發現它們並不像你最初想像的那樣吸引人，所以你又把它們扔回了地上，這是石頭利用你耍的詭計，把它們帶到一個新的地方。同樣地，當你丟了口袋裡的石頭或把它遺留下來時，不要著急——它離開你是因為你不再需要它，它在那裡等著被需要它的人撿起來。

沉浸在大自然中的靜觀

你可以做這樣一個充滿想像力的小型冥想，當你不能到外面去，也許感到孤獨或被切斷連結，需要感到被擁抱時。

・躺下來，閉上你的眼睛。

・做幾次深呼吸，每次吐氣時，感覺你的身體往下沉。讓你的後腦勺融化，你的肩膀下降。

・現在，利用你的想像力，將你自己帶往自然界的某個地方，真實的或想像中的，一個令你感到自在的地方。使用你所有的感官，帶你前去那裡。在你的腦海中看到風景，聽到大自然的聲音和野生動物的聲音。記住你皮膚上感覺到的空氣。記住當你身處在自然之中時，你的身體有什麼感覺。記住當你感到自在時，你的身體是什麼感覺。想像一下，當你躺在大自然的懷抱，就像父母抱著新生的嬰兒一樣。

・讓自己臣服在大自然中，在每一次吐氣時感到被大自然環抱，讓你的身體沉得更深，完全放鬆，你什麼都不用做，只需要靜靜躺著。想像一下，你沉浸在大自然這個地方，你感覺到你的身體在溶解，你的能量和大自然的能量融合在一起。讓你所堅持的一切都融化，因為你和自然成為一體。讓一切隨風而逝。

・享受不受形體束縛的感覺，享受與自然融合和融為一體的感覺。只要你願意，一直保持這樣的感覺。然後，當你準備好時，想像你的身體慢慢開始成形，不過此時你已經受到大自然的洗禮、重新注入活力和滋養。

・花點時間感受這種自由感沖刷你的全身，如此你就能帶著這份自由感，無論你在哪裡，無論你在何時，你都能感受到它。

謙卑感恩之心

只有當最後一棵樹死亡，最後一條河被毒死，最後一條魚被釣起，我們才意識到我們無法以吃錢維生。

Only when the last tree has died and the last river has been poisoned and the last fish been caught will we realise we cannot eat money.

——克里族美洲原住民諺語

在我們的生活中，有很多值得感激的事情，大自然想當然耳羅列在名單之前。感恩與謙卑總是如影隨形。兩者皆為有效的治療方式，因為它們將我們帶離自己，開啟一個比起我們自己、我們自身權益與重要性更為龐大的力量。儘管我們是自然界的一個重要部分，然而當我們意識到實際上我們在自然界並未占有舉足輕重的地位，這才是謙卑之道。沒有我們，自然界仍將繼續生存和繁衍，但另一方面，我們卻不能沒有它。謙卑一詞來自拉丁語的「humus」，意思是指大地。當我們謙卑時，它提醒我們，我們皆為出身卑微的人，這是保持腳踏實地的一個好方法。我們真的很容易把注意力集中在我們生活中所有不該去做的事情上，而忘記所有應該去做的事。但是，當我們去做應該去做的事，並對它們懷抱感激時，將會為我們帶來一些令人驚訝的益處。正向心理學的研究表明，感激之情可以提高大腦中的多巴胺和血清素水平。多巴胺激增會讓我們覺得亢奮，幫助我們對自己產生正向的感覺。同時它也使我們更快樂，對生活更加正向樂觀，對他人表現出更多的同情心。一個絕佳的做法是每天早上在你的腦海中列出你生活中真正感激的三件事。它可能是一種能力，一份工作，也可能是你生命中的一個人。晚上在你就寢入睡之前，花點時間回想這一天你所感激的三件事。這是抓住一天當中甜美時刻的絕佳方式，而這些時刻往往很容易就跟我們擦身而過。

僅牢記在現實中而不僅僅是在理論上對自然表示感激，是我在接受蓋洛族長老的靈性訓練時的第一課。在一次路途崎嶇蜿蜒的登山徒步旅行中，由於正午烈日當頭，外加上陡峭彎道似乎永無止盡，還有體能欠佳，我發現自己正陷入掙扎。當我開始脫隊，年長的長者注意到我的情況不太好，於是停下來等我。他告訴我，不要把山看成是我需要克服或征服的東西，山頭並不會妨礙我抵達目的地。他給了我一個金杜（指祈禱葉束——詳見第一九九頁），讓我向山峰吹氣，感謝它把我帶到我想去的地方。我們繼續以緩慢的速度行走，環顧四周，感謝一切。他堅持持續不斷對山表達感謝之意，然後是我們走過看見的花卉，天空，飛鳥，風景。我記得我有點惱火，覺得這樣很傻，但我欣賞這人，仍按他說的去做。我模仿他要我說的每一句話，我很快就開始真正享受其中。這絕對勝過盯著地面要好，並讓我風塵僕僕地繼續前進。當他覺得我已經掌握了竅門時，他就從他的斗篷裡拿出一支木笛，開始隨意吹奏沒有明顯曲調的音符，為我所有的感激之情伴奏。兩個小時的攀登辛勞在不知不覺中消失了，在我意識到之前，我們已經來到了當時不太為人所知的印加遺跡之一，喬克基勞（Choquequirao）。我不再如預料中怨聲載道，反而爽朗大笑，而且奇怪的是，我竟然沒有感到疲憊不堪。

祝福包儀式

安地斯巫士有一個美麗的感恩儀式，稱做祝福包儀式（Ayni Despacho）。「Despacho」在蓋丘亞語（他們的母語）中的意思是回饋之意，而「Ayni」，可以翻譯為正確的關係或平衡。這是一種對大自然的感激之情，感謝她給予我們一切，而我們常常認為這一切理所當然。

Despacho的每一種成分都象徵性地代表了不同的元素，並以精心擺放的方式，創造出一個美麗的曼陀羅圖案。祝福包就像你包裝禮物一樣可以折疊包裝起來。與任何儀式一樣，最重要的是我們的意圖。沒有所謂的好或是壞，重要的是找到你自己的方式，使它對你來說不但特別也具有意義。你可以花點時間慢慢來——這不是一個迅速表示感謝之意的形式，而是讓你回到自己身邊，對你生活中的不同事物心存感激的時刻。

你需要一張包裝紙。把它折成三折，再打開，然後再反方向折成三折，這樣當你再打開時，折痕就會變成九個方塊。祝福包的內容物則是放在中間。準備好所有你想放在祝福包裡的東西，這樣你就可以享受創作的樂趣了（它們必須是取自大自然的東西，過一段時間之後就會分解）。至於內容物要放什麼，不妨讓你的想像力引導你。你可以挑選不同的成分，象徵性地代表你依賴自然的所有方式。底層可能是你廚房櫥櫃裡的穀物和堅果，這些東西代表養料；玉米代表地球生長的豐富食物；水果或糖代表生命的甜美；藥草代表治療；香料代表天氣；如果你住在海邊，也許可以添加一些土壤，或者一些沙子。葡萄酒和巧克力經常被包括在傳統的祝福包中。上面幾層可能是花瓣和金杜，分別代表你所感激的不同事物。在將內容物擺放成曼陀羅之前，試著花點時間對每一個內容物表達你的感謝，朝內容物吹一口氣。蓋洛族也使用康乃馨花，白色代表山，紅色代表大地。當你覺得你已經完成了儀式，將鋪展在曼陀羅圖案之下包裝紙向上折疊包裹，然後用繩子綁住。在包裹外面另外再放一個金杜，代表將你可能遺忘的所有祈禱或願望包括進來。儀式結束時，可以將祝福包燒掉，或者獻給一條河水，讓大地之母帕查瑪瑪去消化。

敬畏

有兩種方式來過你的生活。一種是彷彿不會有奇蹟發生。另一種方式則是彷彿所有的事情都是一個奇蹟。

There are two ways to live your life. One is as though nothing is a miracle. The other is as though everything is a miracle.

——阿爾伯特．愛因斯坦（Albert Einstein）

謙卑有另一個令我們感到驚艷的一面是驚奇感；我們謙卑地意識到我們個人的生命在巨大的宇宙中是多麼渺小。敬畏感使我們從個人的內在世界中走出來，將我們的注意力從我們自己的直接需求或掙扎，轉移至體認到我們是比起自己更偉大的力量的一部分。大自然不斷

為我們提供「停下腳步」、令人瞠目結舌的敬畏時刻。站在一棵巨大的紅杉樹下，訪問南極洲，在熱帶雨林中行走或在任何海洋中潛水，你都能感受到這份敬畏。但是，也許最終的「敬畏」感來自滿月，或是在晴朗的夜晚被星星覆蓋的浩瀚夜空。看到這兩樣東西，很難不使我們產生一種敬畏感。凝視寂靜夜空中的一片漆黑帶給我們的無限感，是使我們恢復平靜的最快方式。它在我們忙碌的大腦中為想像力創造了一個空間。當意識到我們都是宏偉事物的一部分時，自我也就跟著消失。

當生活因任何原因而變得艱難時，如果可以，就抬頭看看夜空，記住你正在仰望的，與過去那些偉大的靈性導師和傳奇人物所見的星星是一樣的，這些星星同樣也會與我們孩子的孩子在某一天所抬頭仰望時所見到的星星一樣。我們是連結這兩者的橋樑。

步驟十——

靈性對話

進入我們的力量

當一個人準備好成為自己的時候，也就達到了幸福的頂峰。

The summit of happiness is reached when a person is ready to be what he is.

——伊拉斯謨（Erasmus）

最後重新連結的部分涉及的是信任我們內心深處的能力，我們很少重視這個部分，因為儘管內在的能力可能很吸引人，但我們卻對它們沒有信心。至少，我們不覺得我們可以完全依賴它們，就像我們依賴我們的理性思維一樣，而且不認為它們有任何實際的價值。但這些層面就像是少掉的一塊拼圖，我們永遠不會對生活真正感到完整，直到我們準備好傾聽我們的直覺，把重點放在我們的夢想，並善加利用我們的想像力。這些拼圖拼出的是與我們的邏輯思考不同的智慧類型，但又同樣重要。它是蛋糕上的糖衣，因為正是這種智慧不僅賦予我們生活的目的和意義，而且它還賦予了魔力。

我們的直覺、想像力和夢想，將我們與我們的靈魂相連結——我們的個人聖者（personal sage），一個我們在心底聽到的、或是在我們內心深處的某個地方的聲音。正是我們的靈魂給了我們勇氣和信念，讓我們能夠跟隨自己的熱情，以適合自己的方式生活。我們的靈魂賦予生命以深度和滋味。因此，當生活持續感到無趣和空虛時，無論我們買了多少東西或找到多少方法來分散我們的注意力，都指向了我們跟靈魂之間的斷裂。當我們過著沒有靈魂的生活時，總是感覺內心深處缺少了什麼；我們從未真正感到完整。正如我們已經看到的，靈魂的語言是藝術、音樂、儀式和儀典。它是一首歌或吉他獨奏觸動我們的部分，或者是讓我們停下腳步欣賞的藝術作品，它是我們在儀式的靜默中進入的一個深刻之地，或是隱含在大笑的喜悅中。

我們可以成為英雄

我們必須放下我們所計畫的生活，以便接受正在等待我們的生活。

We must let go of the life we have planned, so as to accept the one that is waiting for us.

——約瑟夫・坎伯（Joseph Campbell）

當我們遙想幾千年前先祖圍坐在火堆旁的生活，我們不免認為他們的智力水準肯定無法與我們現在相提並論，這些祖先可是包括支撐現代世界的偉大希臘哲學家、數學家、發明家和劇作家。我們或許忘記了我們現今關切的基本問題，同時也是他們所關切的，和我們一樣，他們最大的一個疑問無非是生為人的複雜難解。關於人類複雜性的偉大見解或許可以從古代神話中找到答案。人們容易輕忽神話的重要性，認為它們不過是遠古時代的故事集合。我們可能很難理解英雄們克服看似不可逾越的障礙的史詩般的故事（其中還夾雜著善變任性的神怪、巨人或生物），在現今的世界對我們有何影響。無論他們的見解在當時有多睿智，這些神話傳說都很難與我們今天所需的知識有所關聯或是配合，然而實際上卻不是這麼一回事。

偉大的神話不只是給孩子講的遠古睡前故事，它們是永恆的生活地圖和寶貴的教學指引，引領我們穿過人性的隙縫，宛如睿智的長者幫助我們理解我們的生活。它們表達了一種智慧，解開生命的意義，並替所有人類找到一個共同的源起，一個集體的無意識，無論我們在哪裡出生，無論我們在什麼文化中成長，神話講述了我們的故事。古代神話是宇宙的地圖，如同一個指南針，告訴我們在屬於我們的個人旅程中占據的位置。它們是我們的先祖透過故事的力量向我們展示的人生智慧，告訴我們如何駕馭它，並度過人生的主要階段。

神話的核心是一場「英雄的旅程」。這是一個由已故的神話學家約瑟夫・坎伯（Joseph Campbell）創造的術語，他歸結出主人公必須經歷的種種階段——每一個神話不論是從圓桌武士到《星球大戰》中的絕地武士——都是我們所有人會面臨的相同階段。神話中的英雄在我們自己的史詩故事中代表了我們每個人，這就是為什麼英雄之旅的各個階段與我們所有有人，不論是年輕人還是長者都能產生共鳴。這是一個象徵性的旅程，展示了我們每個人的生活如何像一場冒險，其中包含一系列看似不可逾越的挑戰，迫使我們深入挖掘，並找到我們原先並不知道的內在特質。這就是為什麼當我們發現當動畫片中的小獅子找到牠內心的力量，不輕言放棄，不成為環境的受害者，並在這個過程中成為一個英雄，我們會為牠們歡呼的道理一樣。

這些故事是靈魂的食糧，因為神話中的象徵意義深入到我們的日常生活之中，直接與我們內心深處進行對話。當我們意識到我們並未過著充實的生活時，它就像是一場對冒險的召喚，是我們內心的微小聲音，不斷告訴我們，生活中還有比起我們正在過的生活更重要的事物，哄騙我們做出改變。這並不意味著我們都要去跳傘，這只是一個提示，以確保我們充分地生活，無論我們選擇的是什麼生活。

這些古老的故事不僅開啟了我們的視野，激發了我們的想像力，而且還能喚醒我們內心深處對生活的熱情。它們喚起了一種敬畏感，使我們能夠超越日常生活中的瑣事，開始體驗平凡中的不凡。它們引發了一種衝動，在我們心中埋下了潛藏的種子，讓我們見識到更龐大與宏觀的東西。

如同隱喻一般，神話從來就不是為了讓人按字面意思理解。它們蘊含著一種真理，直接與我們對象徵符號而非文字做出反應的部分對話，這種真理無法以我們的智力計算出來。當你按字面意思理解神話時，你便失去了其中蘊含的魔法，錯過了它所要傳達的訊息，因為這個魔法不存在神話或是隱喻之中，而在於它在你心中喚起的東西。神話讓你感受到你以及生命的神祕性。根據我們每個人在自己的史詩中所扮演的角色，我們將從英雄的旅程中汲取我們需要的東西。這不一定與我們的年齡相關。有些年輕人，像小獅子一樣，已經學會了深入挖掘和面對他們的恐懼，而有些老年人則盡其所能地避免任何挑戰。面對你以前從未敢於面對的恐懼或是情緒，永遠不嫌晚。

問問自己，你在自己的故事中處於什麼位置。

- 你想克服的挑戰是什麼？
- 阻擋在你面前的龍（情感，而不是人）是什麼？
- 問問自己，「為什麼不是現在？」

永遠別只是一場夢

直覺思維是一份神聖的天賦，理性思維則是一個忠實的僕人。我們創造了一個尊重僕人而忘記天賦的社會。

The intuitive mind is a sacred gift and the rational mind is a faithful servant. We have created a society that honours the servant and has forgotten the gift.

——阿爾伯特．愛因斯坦（Albert Einstein）

每天晚上，當我們的理性思維關閉，我們對世界失去意識時，在一個精神仍躁動不安的空間裡，我們的靈魂終於有機會取得向來被智力佔用的發言權。問題是，我們的靈魂和我們的智力說的是兩種不同的語言。靈魂喜歡符號和意象，更勝過文字，這意味著當它試圖與我們交流時，通常是在我們的夢中，我們往往無法立即看出它到底想說什麼。

夢中的符號是隨機、怪異，或從表面上看似乎不具任何意義的。我們很容易不把它們放在心上，並認為它們只不過是一時令人迷惑或是怪異的消遣。更多的時候，當我們匆忙地從床上爬起來去沖一杯咖啡之前就已經忘記了夢境的內容。但是，僅僅因為我們的夢境表達的訊息並不直接，並不意味它們是毫無意義的胡言亂語。如果把夢境看作是前一天拼湊的五顏六色想法，那麼你就等於切斷了自己寶貴的智慧可能來源。重點在於你得知道如何解釋前一天晚上的夢境內容。

夢境分析是幾千年來人類在各種文化中都做過的事情。有些人，如法老的夢境中出現了牛，帶有預言性的成分，但對我們大多數人來說，我們的夢境像是給我們帶來了一種預先提醒，傳達了我們內在任何壓抑的恐懼或是感覺，可能仍隱藏在我們的潛意識裡。

夢境也可以為我們提供方向，並成為我們強大的靈感來源。當你知道愛因斯坦的相對論、週期表、DNA的發現、原子的結構、胰島素、谷歌和縫紉機的出現都來自於夢境的啟發時，那麼學習如何閱讀自己的夢境或許有了更大的價值。

但是首先，你得要記住夢境。不論一個夢境有多強烈，往往在你睜開眼睛的霎那，它便消失得無影無蹤。因此，找到一個可以用來捕捉夢境的可靠方法就變得十分重要。但在你半夢半醒之際，即使試圖在你的腦子裡記住的這個夢，仍可能稍縱即逝，所以你需要在睜開眼睛之前，在你仍然處於半睡半醒之間，重新連結這個夢。其中一個方式是把關鍵人物和地點按記憶順序連結起來，然後待你一睜開眼睛就立即把它寫在紙上，即使此時你只剩下一半的記憶。在你寫下印象深刻的部分時，你有可能也會在夢境消失之前，同時捕捉到夢境的其他部分。寫作可能是你醒來後最不願意做的事情，但就算你記下了夢境的發生順序，記住你的夢境的可能性仍微乎其微，所以如果你想分析這些夢，擺放一本日記在床邊是不可或缺的。你寫下的夢越多，就會記得越多，你可以開始學會辨識出某些象徵符號，並能注意到重複出現的元素。這需要一點努力，但這是值得的，因為儘管一個夢可能沒有意義，甚至作為一個獨立的夢也不是特別有趣，但只有當你能把它看作是一連串夢境的一部分時，其傳達的訊息才可能變得清晰可見。

如果你讀到這裡，覺得這對那些有做夢的人來說是個不錯的方式，那麼開始撰寫夢境日記，對那些確信自己根本不做夢的人來說也很有效。這裡有一個快速的兩個步驟，供你開始回憶你的夢。每天晚上，當你準備就寢入睡時，你必須為自己設定一個意圖來記住你的夢境，只需一個簡短的句子，諸如：「當我醒來時，我將會記住我今晚所做的夢。」然後，當你早上醒來時，如果你不記得做了什麼夢，就在日記的一個乾淨的頁面寫上「沒有夢境報告」。每天如法炮製，不出幾個星期之後，你就能回憶起你的夢。回憶夢境的下一個階段是白日夢境，它讓你有意識地在現實中回顧你的夢境，但這只有在你學會了如何解譯基本夢境中的符號之後才有幫助。

就像在神話中一樣，我們所有的夢境中都有許多共同的象徵和主題。然而，與神話不同之處在於我們的夢境並不具有普遍的意義。夢的分析不是一門客觀的科學，所以最好不要依靠線上夢境詞典來幫助你解譯夢境，例如，夢中的青蛙可能意味著什麼。我們的夢是非常個人化的，記住這些意象在你身上引發的情緒要實際得多。如果你夢見一隻小白狗在你家門口等著你回家，這個夢對於曾和小白狗一起長大，共睡在同一張床上的人，和被鄰居家的傑克羅素㹴嚇壞的人來說，兩者的感覺將會南轅北轍。你的靈魂並不是用它自己那本翻閱得滾瓜爛熟的夢境字典來給你傳遞訊息，它是利用你對於不同事物的體驗和感受將你的夢境編碼，而這些只有你自己才能真正理解。這是個好消息，因為它使任何分析都變得容易許多。

當你做了一個沒有任何意義卻生動的夢境，不妨以對待神話或隱喻的方式來解讀你的夢。首先問自己，整個夢喚起了你什麼感覺：

・你醒來時，覺得心情愉悅還是不安？

・夢境是否發生在你熟悉的地方，如果是的話，你對那個地方有什麼感覺？
・如果不是一個特定的地方或你熟悉的地方，那麼這地方是什麼樣子，你在這樣的地方有什麼感覺？
・你感到戒慎恐懼還是自在？

在你的夢境日記中寫下答案。然後挑選出夢中的每個主要人物，並記住在夢中你對他們每個人的感覺。有時你認識的人也會出現——從好朋友到你偶爾在辦公室見到的人，或是過去一段時間許久未見的人。在你眼中，什麼特徵最能描述這些人？如果那個曾經站在你的幼稚園門口，手捧著棒棒糖的女士出現，問問你自己，你小時候對她有什麼看法。她是熱情而富有同情心的，還是因為你過馬路時不注意而責罵你？現在你要問自己，棒棒糖女士和所有其他人是為了引導你去做什麼，還是他們都代表著你內心的特徵？記住你在夢中對這些人和其他人的實際感受，它或許能夠讓你深入瞭解你對自己身上這些特徵的感受。

現在把你的注意力轉移到夢中發生的事情上。與符號不同，行動可以代表某種普遍的意義，所以注意你在夢中是否在奔跑，你在奔向或遠離什麼。夢中是否有人死亡，或者說，你是否死亡？如果是這樣，夢中的死亡並不意味著你預見到了一個即將發生的悲劇。當我們大多數人在夢中看到死亡時，就像塔羅牌一樣，它往往暗示著一個巨大的變化或是轉變。

如果你的夢不夠精彩，不要擔心。平凡的夢境也同樣會揭露問題。即使你的思想似乎從未真正停止運轉，你在夢中仍寫著待辦事項清單和翻閱成堆的辦公室行政文件，你還是可以從中找出訊息。

閱讀徵兆

神諭反映了已知的事物，它們反映了你正在面對的能量，並幫助你航向你的世界。

Oracles reflect what you already know, they mirror the energy you're dealing with and help you navigate your world.

——科萊特．巴倫．里德（Colette Baron-Reid）

如果你不願意等待你的靈魂在你的夢中發出訊息，有一些方法可以讓你當下得到一些回饋。雖然我們之中鮮少有人享有傳達德爾菲神諭（Oracle at Delphi），或者擁有讀懂動物頭骨、蓍草莖或樹葉帶給我們訊息的天賦，但我們皆能夠使用兩種非常有效的工具，無論你是否覺得自己有天賦。

第一個是神諭卡。使用神諭卡有點像拜訪一位偉大且仍在世的預言家或是大師，以獲得指導和方向，只是這位大師恰好住在你的內心深處。神諭卡是你與靈魂進行對話並提出一些直接問題的絕佳方式。神諭卡也很擅長引導我們看清自己生活中的所需，以及如何重塑和重新評估我們生活中的不同領域。對於一副圖卡來說，這聽起來似乎責任重大，但其力量在於它對你的觸動，而不是卡片本身。也就是說，作為一副牌卡，它本身並不具有任何力量或洞察力，就像一把吉他不會自己彈出藍調一樣。不加思索地挑選一張牌，按照牌面閱讀，就足以吸引人。當你選到一張「好」牌時，你可能會一時興奮，而當你沒有選到時，你會想要立刻換另一張牌，直到你得到你想要的訊息，但是除非你停下來並與它進一步接觸，否則它不太可能給你帶來任何啟示。任何時候，當你想挑選一張牌尋求指引之前，都要暫停一下。讓你的心靜下來，想一個你想問的問題，專注於它，然後選一張牌。曾經從專家那裡獲取卡牌解讀結果的人都知道，無論專家多麼出色，他們所說的一切並無法全部引起你的共鳴。也許你得到的訊息需要經過一段時間的醞釀沉澱才能與你產生共鳴，但也可能根本就沒有任何觸動，所以我們理所當然地忽略了它們。使用神諭卡可與靈魂深處連結。你會知道什麼時候你的靈魂被觸動，你也許需要坐起身來聆聽。

另一種是無意識寫作，你只需要一支筆和一張紙。茱莉亞．卡麥隆（Julia Cameron）在她的《藝術家之路》（*The Artist's Way*）一書中提到了這種方法。這種方式是讓你的筆自由發揮，不關心拼寫、語法、標點或是否具有任何意義。這是一種方法，可以幫助你越過有意識的大腦對你造成的阻礙，這些阻礙將會阻止我們從我們內在更深的層面上獲得靈感。你可以寫上一定的頁數，也可以寫到一定的時間，你唯一需要做的是一旦開始就持續不斷地寫。寫下你心中的任何東西——想法、憂慮、念頭、夢想。這是清理超過負荷的大腦、處理情緒並讓想像力奔馳的有效方法。你做得越多，就越容易讓你的思想流動起來，最終你將成為見證者，而不是受困其中的一員。當你熟練地允許這種流動進行時，你可以在頁面頂端寫出一個具體的問題，然後，轉換筆觸，讓你的靈魂回答它。這就像坐在你自己的大師面前。這個過程有種神奇的感覺，特別是當你意識到這些訊息是來自你的內心，而不是來自彩虹之上的某個地方，你或許會對於結果感到更吃驚。

為什麼不是現在？

觀看是體驗世界的現狀，回想是體驗世界的過去（……）想像則是體驗不存在的世界，但或許世界真是如此。

To see is to experience the world as it is, to remember is to experience the world as it was [. . .] to imagine is to experience the world as it isn't and has never been, but as it might be.

——丹尼爾・吉伯特（Daniel Gilbert）

◆

你還記得孩提時代你對於自己長大後的夢想？

不管是什麼，你可能毫不懷疑自己有一天確實會成為一名消防員、芭蕾舞者、醫生或太空人，如果第二天你同樣堅定地認為你想成為一名飛行員、歐帕倫普斯人（Oompa Loompa），甚至是成為一台牽引機，這也沒有不好，也仍是標準答案。作為一個孩子，我們知道我們的想像力是一個無限的廣闊世界，在那裡一切都有可能，我們只需要去想像就行。瓦楞紙箱成了偉大的城堡，與飛行昆蟲和仙女交流故事再尋常不過，至少在離家的時候不可能不帶上一個玩具。我們都曾是無中生有的大師。

開始上學後，生活變得更加嚴肅，「現實」取代了一切。我們學會了集中注意，學會了不看窗外，學會了做白日夢是在浪費時間。隨著我們的成長和適應，我們的想像力也變得收斂，一個充滿無限可能的世界被縮減為一個充滿或然性的現實世界。夢想太大變得愚蠢，我們學會了趕在別人之前，迅速打消我們的不實際夢想，而且不要太過遠離既定的道路才能使生活更容易且更安全。

顯然一旦長大，充滿龍、獨角獸和守護黃金的矮精靈世界不再具有同樣的吸引力，但我們的想像力仍是我們擁有的最偉大的禮物之一，它賦予我們創造的力量。我們必須小心別讓我們在「現實世界」的繁忙生活中擠掉了做白日夢的時間，此時我們的想像力才會有能力飛翔。

沒有什麼比無形和不可見的想像力世界更神奇或神秘的。畢竟，它在哪裡？你有沒有想過，一個遠遠超出你自己所學知識的想法究竟是如何進入你的思想的？怎麼可能有超越自己有限知識的想像？想像力是難以捉摸的，它需要自由漫遊，它拒絕聽從我們理性思維的召喚。我們不能把「有一個偉大的想法」放在我們的「待辦事項清單」上，也不能指望我們一坐到辦公桌前，靈感就會應運而生。你越是皺起眉頭，試圖想像什麼，你就越不可能有機會飛翔。然後，當你從洗碗機中取出盤子時，突然間你的腦子裡恐怕就蹦出一個與人類有關的答案。

天馬行空的想法具有一種難以捉摸、像貓一般的特質，徘徊在伸手不見五指的地方。它們很少聽從我們的召喚。這類想法往往是在輕鬆和玩樂中出現，而不是在我們渴求它出現時現身，主要是因為它們的出現為的是開啟人們的心扉。一顆好奇心和探索的慾望是想像力的必要條件，雖然我們可能無法隨意召喚出天賦，但是我們做的白日夢越多，讓想像力盡可能自由徜徉，就會有越多的想法出現在我們身上。

事實上，夢想基本上對我們而言是不可或缺的，因為唯有我們敢於夢想才能成為現實。我們的想像力是每個想法和夢想的起點，也是現實的骨幹。

現代世界就是最佳證明。所有令人難以置信的進步都建立在曾經由個人想像的「假設」之上。然而我們在每一個發現之中皆扮演了一個角色，因為我們的生活型態形成了人類需求的集體態度。這就是現實，它形成未來的發明得以延伸的基礎。

我們每個人，每天都在用我們看待世界的方式夢想著我們自己的現實。當我們把世界看作是一個狗咬狗的危險場所，那就是你的世界。當你把它看成是一個互相照顧的社區，就成為你的世界。宇宙有辦法證明你是對的，或許是因為你會按照你的信念行事，所以證明了它是真的。我們如何看待這個世界，世界就會變得如何。你若注意到的是皺眉，而不是微笑，這個世界就以此方式呈現；反之亦然。現實是你的鏡像投射。我們的選擇共同決定了現實的走向，我們每天都在共同創造著這個世界，能夠意識到這一點很了不起，如果我們都得對當前的世界負起責任。而如果我們不喜歡它，我們有能力改變，就從我們自己開始。正如非洲諺語所說：「如果你認為自己太過渺小，無法做出改變，不妨試試和蚊子共枕而睡。」

這同樣也適用於我們的個人生活。如果你的現實沒有按照你希望的方式發展，你已經成為環境的受害者，你有能力改變它，為自己創造一個新的現實。我們需要利用我們的想像力來召喚我們真正想要的生活。

問題是，我們要召喚什麼？我們都能夠在生活中列出一長串我們想要捨棄的東西，除了少數值得珍藏的物質外，我們不一定能說出我們**真正**想要的是什麼。這是因為我們很少將任何真正的細節納入我們的夢想。我們傾向於使用空泛的口吻說道：「我想要過得快樂。」「我想要得到滿足。」一「我想找到我的靈魂存在的意義。」想要過得快樂和擁有一個充實的生活是一個偉大的夢想，但對你來說，這實際上所指的是什麼意思？究竟是什麼讓你快樂？你有沒有停下來真正思考過，你每天生活的細節上究竟有何實際的意涵？

花點時間，拿一張紙。在紙的上方寫下你的一個夢想。試舉「我想要快樂」為例。現在寫下這對你意味著什麼。你會注意到，當你寫下所有不同的要點時，夢想將開始展開，雖然不一定是你所期望的那樣。你可能會驚奇地發現，寫下來的夢想向你揭示了你對於幸福的想法，有些你甚至從來沒有注意過。一旦你覺得你已經把夢想完整地寫了下來，瞧瞧你現在需要做什麼來實現它，就在今天！你可能會發現，這不過是在調整你已經擁有的東西，實際上與你可能擔心出現的巨大轉變一點關係也沒有。但任何夢想最重要之處也許在於它是否能夠實現？所有的夢想，無論多麼美好或是具有美德，如果你只是讓它們徒留在彩虹之上，就一點意義也沒有。這不是一個有了夢想的念頭之後，就可以坐視不管，希望它能自動實現的問題。所有的想法都必須經過滋養與餵養，直到它們足夠強大，能夠從無形世界到有形世界的旅程。如果你的夢想對你而言很重要，為什麼要讓自己等待？

歸鄉之路

在我們成為治療者之前，我們的療癒是不完整的。

Our healing is not complete until we ourselves become healers.

——阿爾貝托．維羅爾多（Alberto Villoldo）

無論我們來自哪裡，我們的教養、文化或是生活方式如何，我們都希望我們的生活至少能有一些意義。某些時候我們想知道生命的意義何在，靈魂的道路是什麼。這也是吸引我們許多人進入靈性世界的原因。「靈魂之路」是另一個廣為流傳的偉大宣言，但沒有人真正知道它的含義。可以肯定地說我們的目標和我們的道路是一體的。你無非想知道，「我的靈魂道路？」或者，「我怎麼知道我是否能以及何時能踏在這條路上？」靈魂之路是一種生活方式，它來自於遵循你認為重要的事情。沒有所謂的正確或是錯誤與否——它是你個人的道路。它不是賜予你的東西，你也不必選擇一條道路，並希望你選對了。這條靈魂之路來自於你。也就是說，找到你的靈魂的目的或是道路，很少打從一開始就很清楚。

找到你的靈魂之路，並過上一個有意義的生活，最快方法是跟隨你的興趣和熱情。如果你不確定這些是什麼，問問你自己，如果你可以完全自由地做你想做的事，你會如何選擇？如果你的生活無虞，你會用什麼來填補你的日子？如果你擁有世界上所有的時間，你會想要瞭解什麼？在這些興趣上盡可能多花點時間。當你這樣做時，新的世界將繼續顯現出來。當你意識到有一條共同的主線貫穿所有這一切夢想時，可能已經是好幾年後的事，每一個世界都反過來帶你走向你的靈魂之路，讓你的好奇心引導你。正如約瑟夫·坎伯所說：「跟隨你的快樂，宇宙會在原來只有牆壁的地方替你開啟幾扇門。」

但值得注意的是，靈魂之路並不等於輕鬆之路，不是「呼，我找到了！」鬆了一口氣的結果，而認為探尋之旅結束，困難的部分已經過去，你可以因此高枕無憂。如果是這樣的話，也就沒有任何需要實現之處。它很可能會成為你所做過的最困難的一件事，有時甚至會迫使你深入挖掘，並質疑它是否真的是你的道路。當你意識到你無法夢想做其他事情的時候，就會發現這也許是一個線索。這可能很艱難，需要你的堅持不懈，但淚水總會伴隨笑聲而流。當它成為以某種方式為他人服務如同你對自己所做的時候，你就會確信這是你的靈魂之路，如同踏上歸鄉之路。這也就是達賴喇嘛尊者所說的，根深蒂固的快樂。

邁步向前

盡可能在你能夠笑時開懷大笑。它是廉價的藥物。

Always laugh when you can. It is cheap medicine.

——拜倫勳爵（Lord Byron）

所有靈性教義和實踐的力量在於它們不斷持續地開展，所以每回在你取得靈性智慧的過程，你都會不斷發現新的東西。

請不要把這些實踐列入任何「應該做」的清單。如果你放任一個常規練習沒有做，沒有必要責備自己。這十個步驟不是設計用來成為你的苦差事，而是為你提供一個避難所——當你需要從日常生活的節奏和要求中獲得一些空間和清靜時，你可以回到這個避難所。當生活變得艱難時，它們將支持和擁抱你，當你在尋求物質世界之外所能提供的更多東西時，它們將引導你。

這些實踐是我們的最佳導師；我們越是向他們虛心求救，他們向我們揭示的東西就越多。向他們展示一些熱情和耐心，他們將帶領你進入永恆和無限的智慧之池，古往今來所有最偉大的靈性導師都曾擷取過這些智慧。

這是一個持續不斷的冒險。最好是帶著一種輕鬆的方式探索並發掘你的奇蹟和生命的魔法，以及帶著孩子般的好奇心和樂趣來完成。

生命是一首歌，唱吧。
生命是一場遊戲，盡情玩樂。
生命是一個挑戰，迎接它。
生命是一個夢想，實現它。
生命是一種犧牲，奉獻它。
生命是愛，享受它。

——賽巴巴（Sai Baba）

延伸閱讀

如果你有興趣進一步探索任何靈性傳統，我強烈推薦以下作者撰寫的任一本書籍。我所列出的書只是我個人的最愛。

Adyashanti, *The End of Your World*（Sounds True, 2010）

Julia Cameron, *The Artist's Way*（TarcherPerigee, 1992）

Joseph Campbell, *The Hero with a Thousand Faces*（New World Library, 2012）and *The Power of Myth*（Bantam Doubleday Dell, 1989）

Deepak Chopra, *Ageless Body, Timeless Mind*（Rider, 2008）

Ram Dass, *Be Here Now*（Crown Publications, 1971）

Thich Nhat Hanh, *No Mud, No Lotus*（Parallax Press, 2015）

Michael Harner, *The Way of the Shaman*（HarperSanFrancisco, 1992）

Hermann Hesse, *Siddhartha*（Penguin Classics, 2008）

Dzongsar Jamyang Khyentse, *What Makes You Not a Buddhist*（Shambhala Publications, 2008）

His Holiness the Dalai Lama, *How to See Yourself As You Really Are*（Rider, 2008）

Marcela Lobos, *Awakening Your Inner Shaman*（Hay House UK, 2021）

Ramana Maharshi, *Who Am I?*（Sri Ramana Asram, 2008）

Osho, *Fear*（St Martin's Griffin, 2012）

Larry Peters, *Tibetan Shamanism*（North Atlantic Books, 2016）

Matthieu Ricard, *The Art of Mediation*（Atlantic Books, 2011）

Sogyal Rinpoche, *The Tibetan Book of Living and Dying*（Rider, 2008）

Rupert Sheldrake, *The Science Delusion*（Coronet, 2020）

D. T. Suzuki, *Studies in Zen*（Mandala, 1986）

Lao Tzu, *Tao Te Ching*（Hackett Publishing, 1993）

Alberto Villoldo, *Dance of the Four Winds*（Destiny Books, 1994）and *The Four Insights*（Hay House, 2007）

Alan Watts, *You're It* （Sounds True, 2010 [audiobook]） and *Tao: The Watercourse Way* （Random House, 2002）

Ken Wilber, *A Brief History of Everything* （Shambhala Publications, 2017）

對於那些想要深入研究的人，下面是我在書中提到，可進一步研究的書目：

Steve Bradt, 'Wandering mind not a happy mind', *The Harvard Gazette*, 11 Nov. 2010

Carrie D. Clarke, 'How gratitude actually changes your brain and is good for business', Thrive Global, 7 Feb. 2018

Alyson Gausby, 'Attention spans', *Consumer Insights*, Microsoft Canada, 2015

Margaret M. Hansen, Reo Jones and Kirsten Tocchini, 'Shinrin-yoku （forest bathing） and nature therapy: A state-of-the-art review', *International Journal of Environmental Research and Public Health* 14.8 （2017）: 851

Ye Wen, et al., 'Medical empirical research on forest bathing（Shinrin-yoku）: A systematic review', *Environmental Health and Preventive Medicine* 24.1（2019）: 70

致謝

感謝卡洛琳・索恩（Carolyn Thorne）對本書的信任，感謝她溫和的智慧在整個過程中的指導和鼓勵。我還要感謝霍利・惠特克（Holly Whitaker）對這本書的出版提出的指導，以及Yellow Kite的所有團隊，包括銷售和行銷、設計和生產部門的所有人。感謝茱莉婭・凱拉維（Julia Kellaway）的鷹眼和文字編輯技巧，以及AM Heath的尤安・索尼克羅夫特（Euan Thorneycroft）和柔伊・金（Zoe King），他們不僅使這本書的出版得以實現，而且從開始到結束都是一種寶貴的支持。我還要感謝凱特・里爾登（Kate Reardon）、埃斯特・凱澤・科爾文（Esther Cayzer Colvin）、菲奧娜・柯帝士（Fiona Curtis）、湯米・鮑比（Tommy Bowlby）和D-J-柯林斯（D-J Collins）。

我要感謝阿貝托・維洛多（Alberto Villoldo）博士將我引入薩滿教，並感謝他的持續指導和友誼。我還要感謝多傑・丹杜格西（Geshe Dorji Damdul），他為我開闢了佛教之路，對我無休止的提問表現出極大的耐心和善意。

最後，我要感謝唐·馬丁·皮涅多（Don Martin Piñedo）、唐·翁貝托·松科·基斯佩（Don Umberto Soncco Quispe）、唐·巴斯卡·阿帕薩·弗洛雷斯（Don Pascual Apaza Flores）、唐·吉列爾莫·松科·阿帕薩（Don Guillermo Soncco Apaza）和已故大師埃丁森·潘杜羅·魯梅納（Maestro Edinson Panduro Rumayna）多年來的指導、支持和友誼。

國家圖書館出版品預行編目(CIP)資料

獻給心靈的生命之書：十個富足步驟，打開內在智慧與恆久快樂 / 喬．鮑比(Jo Bowlby)著；盧相如譯. -- 初版. -- 新北市：遠足文化事業股份有限公司菓子文化出版：遠足文化事業股份有限公司發行, 2021.11
面； 公分. -- (Leben)
譯自：A Book for Life: 10 steps to spiritual wisdom, a clear mind and lasting happiness
ISBN 978-986-06715-9-9(平裝)

1.心靈學 2.智慧 3.靈修

175.9 110017182

菓 子
Götz Books

・Leben

獻給心靈的生命之書：
十個富足步驟，打開內在智慧與恆久快樂

A Book for Life:
10 steps to spiritual wisdom, a clear mind and lasting happiness

作　　者　喬・鮑比（Jo Bowlby）
譯　　者　盧相如
主　　編　邱靖絨
校　　對　楊蕙苓
排　　版　菩薩蠻電腦科技有限公司
封面設計　謝佳穎
總　　編　邱靖絨
社　　長　郭重興
發行人兼出版總監　曾大福
出　　版　遠足文化事業股份有限公司　菓子文化
發　　行　遠足文化事業股份有限公司
地　　址　231 新北市新店區民權路 108 之 2 號 9 樓
電　　話　02-22181417
傳　　真　02-22181009
Email　service@bookrep.com.tw
郵撥帳號　19504465 遠足文化事業股份有限公司
客服專線　0800221029

印　　刷　沈氏藝術印刷股份有限公司
定　　價　490 元
初　　版　2021 年 11 月
法律顧問　華陽國際專利商標事務所　蘇文生律師
有著作權，翻印必究

Copyright © 2021, Jo Bowlby
This edition arranged with A.M. Heath & Co. Ltd.
through Andrew Nurnberg Associates International Limited.
Complex Chinese copyright © 2021 by Götz Books,
an imprint of Walkers Cultural Enterprise Ltd.
All rights reserved.

特別聲明：有關本書中的言論內容，不代表本公司／出版集團的立場及意見，
文責由作者自行承擔。
歡迎團體訂購，另有優惠，請洽業務部 (02)22181-1417 分機 1124、1135